逆境に克つ！

サンリオピューロランドを復活させた25の思考

株式会社サンリオエンターテイメント
代表取締役社長
小巻亜矢

はじめに

２０１４年、ふと訪れたサンリオピューロランドの雰囲気は、暗くどんよりと沈んだものでした。

１９９０年にオープンしたサンリオピューロランドには、子育て中、子どもを連れて何度も訪れたことがあります。

その頃は、まだ、オープンしてからそれほど時間が経っていなかったせいか、大人の私も楽しめる、サンリオらしい、笑顔のあふれるテーマパークだったという記憶があります。

でも、久しぶりのサンリオピューロランドは、そうではありませんでした。

オープンから25年近い時間の経過が感じられる設備がそのままになっているなど、

ハード面もさることながら、お客様の姿はまばらで、スタッフに笑顔がなく、会話が飛び交っていていいはずのレストランも、静まりかえっています。売上げが低迷し、一部で『サンリオのお荷物では？』と言われてしまっているのも、残念ながら頷ける光景です。

もったいない、と感じました。

せっかくサンリオのキャラクターたちもいて、素敵なショーも上演して、お客様に楽しんでいただける、働く側も楽しく働ける条件は整っているのに、うまくいっていない。

この当時私は株式会社サンリオ（以下、サンリオ）の企業内ベンチャーとして立ち上げた会社で、女性支援の仕事をしていました。それまでも、社内でのキャリアは直営ショップの店頭に立ったり、化粧品部門での仕事だったりで、エンターテイメントの仕事をしていたことはありません。つまり、エンターテイメントについては素人です。その素人の目に映ったサンリオピューロランドの実態を、私は報告書にまとめ、株式会社サンリオの辻信太郎社長（株式会社サンリオエンターテイメント代表取締役会長。以下、辻社長）に提出しました。

「大変です、辻社長。サンリオピューロランドは可能性に満ちています！」

これは、偽ることない私の本心でした。

当時のサンリオピューロランドは、直せば良くなるところばかり。可能性だらけだと感じていました。

実はこれは、心理療法のひとつである神経言語プログラミングでよく使われる手法でもあります。どんなことがおきてもまずは「それはよかった」とひとこと言ってから、その理由を探して、本当に「よかったんだ」と自分で納得するというものですが、当時のサンリオピューロランドについても、元気のないどんよりした状態をすぐに「よかった」と受け止めました。

スタッフに笑顔がないなら、笑顔になれるようにすればいい、お客様が少ないのなら、もっと来ていただけるようにすればいい、修繕できていない部分があるなら、直せばいい。こうしていけば、サンリオピューロランドは良くなる一方です。

そんな思いで報告書をまとめたところ、辻社長も思うところがあったようです。どのあたりに可能性があるのかを整理するようにと言われ、私はそのミッションを請け負い、頼まれると頑張ってしまう性分を発揮して事細かなレポートをつくり、それがきっかけで、サンリオピューロランドに赴任することになりました。

そのとき、私は54歳。もちろん迷いもありました。友人には「今更また苦労を背負わなくてもね」とも言われました。でも、これも性分で「無理です」とは言えません。２０１４年6月、私はサンリオピューロランドの顧問となって、可能性の発揮をサポートすることになりました。

着任して、社員一人ひとりと話をしました。どうしてここで働いているのか、このどこが好きか、どこに仕事のやりがいを感じるか。いろいろなことを聞き、話しました。その結果、

「やっぱり、私は間違っていなかった。絶対大丈夫だ」と勇気づけられました。みんな、サンリオピューロランドが大好きだということがわかったからです。ここで一緒に働く仲間もまた、可能性に満ちていました。

あれから時間が経って、2018年度に過去最高の来場者数を更新しただけでなく、平日の来場者数が2014年当時の4倍以上になるなど、たくさんのお客様にも来ていただけるようになり、なにより、館内が明るくなりました。スタッフには笑顔が戻り、バックヤードでも、みんな誇りを持って、楽しそうに働いています。まだまだ課題はあります。でも、5年前と今とでは、空気がまったく違います。

〝女性館長が、起死回生のV字回復〟などと取り上げていただく機会も増えてきま

したが、でも、私が何かをしたというわけではないのです。そもそも、私はテーマパークの素人。私にできることなど、限られています。

ただ、サンリオピューロランドが、本来持つ魅力を取り戻し、磨きをかけてきたのと同じように、ここで働く仲間にも、本来持つ力を、遠慮なく思う存分発揮してもらえるように、少しだけお膳立てをしたに過ぎません。


たとえば『対話フェス』の実施。

これは、一人ひとりの話を聞いて、お互いがお互いのことを知る機会があった方がいいなと思って始めたものです。社員同士で胸の内を語ることで「なんだ、同じことを考えていたんじゃないか」「あの企画にはそんな意図があったのか」と理解し合えれば、風通しが良くなります。「時間のあるときにみんなで話し合いましょう」と言っても、テーマパークは日々、やらなくてはならないことがたくさんあり、なかなか難しい。そうであれば「対話する」場をつくればいいのです。そうすれば、自然に点がつながって、線になっていきます。

一度、良い方向に動き出せば、それはポジティブなスパイラルになります。それまでは、お客様が来てくれない、予算がない、できない、だから言わないというネガティブなスパイラルがありましたが、言ってみる、やってみる、予算はなんとかしてもらって、その結果うまくいったりいかなかったりで、じゃあ次はどうしようと考えるという、前向きな動きに変わります。

もちろん、試行錯誤もしましたし、失敗もしました。私が勘違いしていたこともありますし、気が急《せ》いてみんなを置いてきぼりにしてしまったかなと思うこともありました。ただ、違っていたと気が付いたら直していけばいいと思って、今日までやってきました。なぜなら、可能性に満ちているわけですから。それも、サンリオピューロランドならではの可能性です。

「逆境だけが人を強くする。教訓を学んだときに苦痛は消え失せる」

これは、私の大好きな『人生は廻る輪のように』（エリザベス・キューブラー・ロス／角川書店）という本の冒頭にある言葉です。

低迷期のサンリオピューロランドは、まさに逆境に置かれていました。

その状況を、どう捉えるか。

長年苦しんできたテーマパークにはもう復活の目はないと見るのか、逆境には、這い上がる可能性が満ちていると捉えるのか。

私は、後者だと確信していました。

第3章

イメージは新しく付け加えられる……057

第4章

第5章

キャリアは自分のペースで積めばいい……091

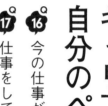

第6章 これからのリーダーへ……111

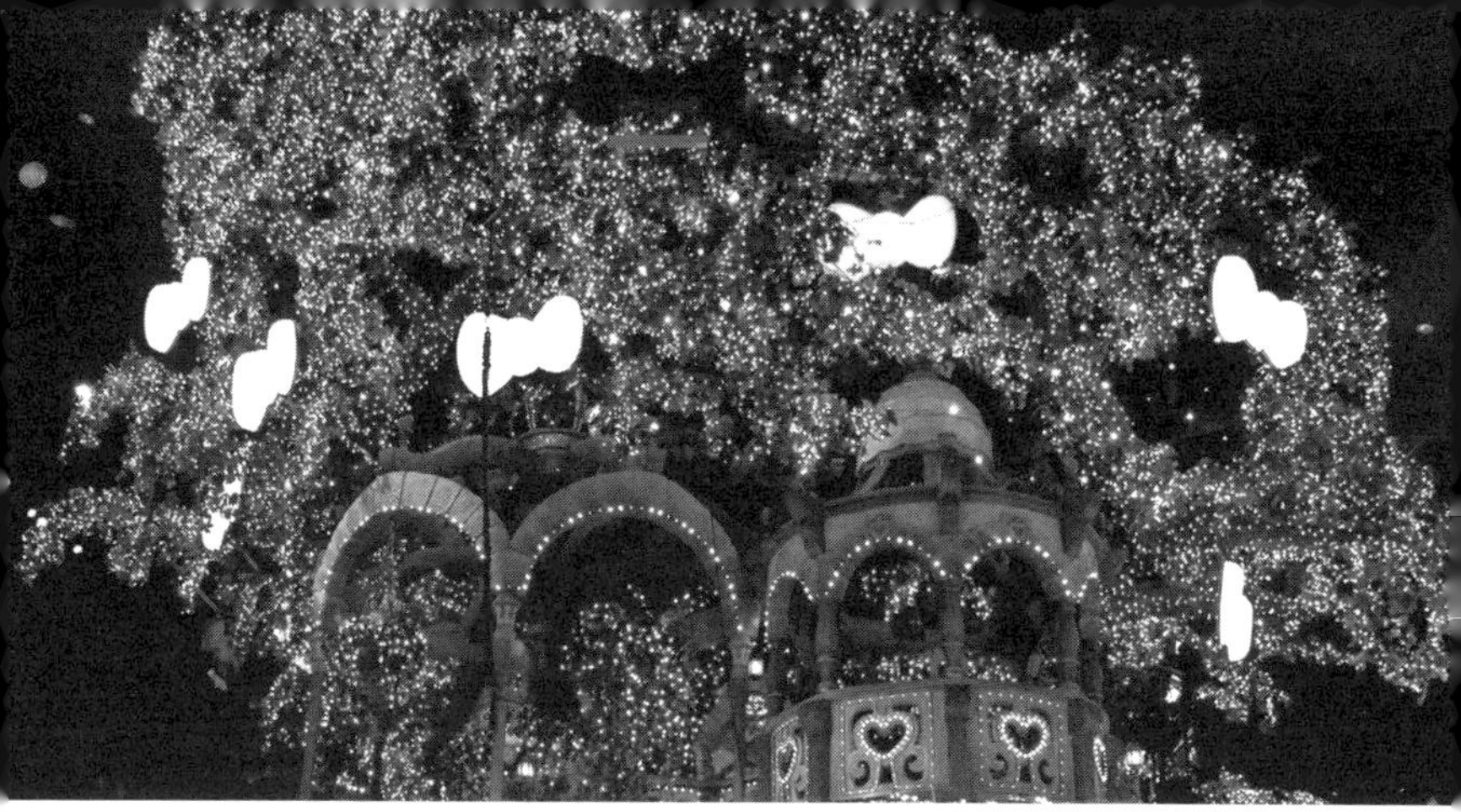

第1章 ハンデは強みに変えられる

Q1

サンリオピューロランドって、遠くて不便ですよね。

サンリオピューロランドにいらっしゃったことはありますか？

最寄り駅は、小田急多摩線の『小田急多摩センター』駅、京王相模原線の『京王多摩センター』駅、それから、多摩都市モノレールの『多摩センター』駅です。

小田急線に乗っても京王線に乗っても、新宿からは急行で約30分。駅を降りて、商業施設の街並みを少しだけ歩くと、そこにサンリオピューロランドがあります。住所で言うと、多摩市落合というところです。

これは、サンリオピューロランドにとって、最高の立地です。

「ちょっと、遠くないですか？」とおっしゃる方もいます。確かに、原宿に遊びに行くのと比べると、都心からは少し遠出かもしれません。業績が良くなかったときに、その原因を立地だと分析した方がいるのも知っています。

でも、この距離が最高だと私は思っています。この距離なので、よほどお近くに住んでいる方でない限り、現地集合・現地解散ということはないと思います。おうちの最寄り駅や、お友達同士、便利な駅で待ち合わせてから、サンリオピューロランドを目指してこられることでしょう。

新宿から、電車でいらっしゃる方を想定してみます。サンリオピューロランドに遊びに来る日は、きっと、家を出る前から楽しみで、早く着いたらいいなと思ってくれていることでしょう。その方たちにとっては、新宿からの30分間は長くて、待ち遠しく感じるかもしれません。

でも、その方たちもきっと、スマホをお持ちですよね。そして、今日はどのショーを見ようか、どのキャラクターと一緒に写真を撮ろうか、サイトを見ながら考えてくれるとも思います。

そうすると、その30分間も、楽しい1日の第1章として過ごしてもらえるのではないかなと思います。

帰りも、お友達と撮った写真やお買物したおみやげを見ながらであれば、あっという間でしょう。カチューシャをつけたままの方もいらして、その方々は、知らず知らずのうちにサンリオピューロランドの宣伝までしてくださっています。

たとえば車で来られる方も同じです。何をするかを話しながらやってきて、楽しかったことを共有しながら帰って行く、その道のりも含めて、サンリオピューロランドを楽しんでいただきたいです。

大切な二つの〝地盤〟がある

それから、多摩市は府中市の南に位置しますが、23区から見るとあまり東京らしくなく、地方から、東京スカイツリーや原宿、新大久保や日本橋に遊びに来られる方も、わざわざ多摩市に行こうとは思わないでしょう。多摩市もそれに苦労をした時代があるようです。なので、一緒に盛り上げようという気持ちをとても強く感じられ、こうした〝地盤〟が強いことはありがたいことだと思っています。

ハローキティの誕生日は11月1日。実はこの日は、多摩市の市制施行日でもあります。多摩市とハローキティは、誕生日が同じなんです。こうした偶然もあって、2002年には多摩センター地区が『ハローキティに会える街』に制定され、2004年に、ハローキティは多摩センター親善大使に任命いただいています。

さらに、多摩市は別の地盤も強いのです。文字通りの地盤です。地震に強い街ランキングのような調査があるたび、多摩市は上位に入っています。

こうやって並べてみると、「確かに、サンリオピューロランドは立地がいいな」と思いませんか？

「遠くて不便ですよね」とおっしゃる方には、こんなお返事をするようにしています。遠くて不便と思い込んでしまっていると見落としてしまう良さが、サンリオピユーロランドの立地にはあるのです。

A

新宿から約30分。実は、遊びに行くにはちょうどいい距離ですし、ほかの環境にも恵まれています。

Q 2

平成2年オープンってことは、かなり古くなっていませんか？

おかげさまでサンリオピューロランドは、令和2年12月にオープンから30年という節目を迎えることになります。これも、サンリオピューロランドに足を運び、楽しんでくださった多くの方々のおかげです。心より感謝申し上げます。

令和2年で30年ということは、オープンは平成2年です。西暦で言うと、1990年。

好調だった経済に陰りが見えはじめ、一方で、礼宮さまと川嶋紀子さんが結婚し、秋篠宮家が創設されるという明るいニュースもありました。アニメ『ちびまる子ちゃん』の放送が始まったのもこの年です。

世界に目を転じると、イラクがクウェートに侵攻し、ソ連のミハイル・ゴルバチヨフさんがノーベル平和賞を受賞し、アルベルト・フジモリさんがペルーの大統領になり、イギリスではマーガレット・サッチャーさんが11年間務めた首相の座を降りました。平成の出来事と共に歩んできたテーマパークです。

若い人にとって１９９０年とは、歴史の教科書で習うような時代なのかもしれません。

ですから、確かにその時代に誕生したサンリオピューロランドは、ピカピカの部分だけではありません。でも、清潔で快適な状態を保つための努力はしています。サンリオピューロランドの古さは、汚いとかくすんでいるとかとは違うと思っています。どちらかというと、味のある古さです。それに、古いということは、決して、悪いことばかりではないのです。ですから、あえて古いまま残しているところもあります。

サンリオピューロランドには、小さな「工場」が集まったエリアがあります。『写真のミニプラント』、『キャンディファクトリー』『ジュースファクトリー』『アイスクリームファクトリー』『ブレッドファクトリー』『チョコレートファクトリー』があります。

このミニプラントは、オープン当初からほとんど変わっていません。以前はスムーズに動いていた人形の動きが、少しカクカクしてしまっているところもあります。

社内では「なくしてしまった方がいいのでは」という声もあります。

利益のことを考えれば、その空間をショップやカフェに作り替えた方がいいのかもしれません。

お客様はその味わい深い古さを楽しんでいる

でも、お客様はそこでよく、写真を撮られています。

可愛らしくコスプレをされたお客様もいますし、連れてきた、または新しくお買いになったぬいぐるみを近くにおいて撮影する〝ぬい撮り〟を楽しまれている方もいます。

たぶん、そうしたお客様にとってその一角は、古いかもしれないけれど、味わい深い空間なのだと思います。また、子どもの頃訪れた懐かしい空間だという声もあります。

もしも、その空間がお客様から見向きもされず、素通りされたり、荷物置き場になってしまったりしているようであれば、やはり、もっと喜んでいただける何かに変えなくてはならないでしょう。

でも、せっかく楽しんで下さっている方がいるのに、こちらが「古いから」「こうしたほうがもっと利益が見込めるから」という理由だけで変えてしまうのは、ちょっと違うなと思うのです。勝手に変えてしまったら、その空間を愛して下さっていたお客様は、きっと悲しまれるでしょう。

もしも変えるとしたなら、その味わい深さを残したまま、最新のなにかをオンする、取り替えるのではなく、加えるのがいいのかなと思います。

先日テレビで、パリの歴史ある建物の中にある、最先端のセキュリティシステムを備えた宝石店が取り上げられていました。クラシカルな建物にある宝石店。味がありますよね。でも、ただ味があるだけではなく、機能面もぬかりない。私たちがお手本にすべきは、こうしたお店なのかもしれません。

30周年という区切りの年も〝こんな良さがあったのを、ご存じでしたか？〟という方向でも盛り上げていけたらいいなと思っています。こう考えるのは予算が限られているからでもあるのですが、仕方ないと思うより、いい物を知っていただきたいと考えたほうが、毎日、楽しく働けると思います。

A

古さには汚くくすんだ古さと、味わい深い古さがあります。味わい深い古さは、変えてしまうと取り返しがつきません。なつかしさ、というすてきな価値は、時が経たないと出てこない宝です。

Q3

昔からあるところへは、一度行けば十分ではないですか？

そんなことをおっしゃらずに、二度、三度といらしてください。必ず、新しい楽しさが見つかるはずです。

今、お子さんを連れてこられているお客様、お友達同士で足を運ばれる10代、20代の方々は、きっとお子さん時代にもサンリオピューロランドにいらしていたか、サンリオピューロランドには来ないまでも、サンリオのキャラクターグッズで遊んだり、勉強したりする時代を過ごしてこられた方々だと思います。もちろん「今でも、キャラクターグッズを使っています」という大人のお客様もいらっしゃるでしょう。

サンリオピューロランドで働くアルバイトの中にも「子どもの頃に遊びに来たこ

とがある」「やっとここで働けるようになった」と言ってくれる人がいます。サンリオに深く触れていた時代を持つ方々が、どうして大人になってからもサンリオピューロランドに来て下さるのか。

それは、ここには懐かしさがあるからだと思います。変わらずにある味わい深い古さは、人をホッとさせます。その頃のことを忘れていたとしても、目にすると思い出して、懐かしさを感じるでしょう。

私の友人が、（どちらかというとキャラクター好きなイメージのない女性なのですが）私に会うために初めてサンリオピューロランドに来てくださった時、エントランスショップ（サンリオピューロランドで一番大きなショップ）を何気なく話しながら見学していたら、急に立ち止まって瞳を潤ませてこう言うのです。「すっかり忘れていたけれど、小学生の時、サンリオフェスティバル（夏休みなどに百貨店での催し物として、サンリオが実施していた子ども向けワークショップのようなイベント。おもちゃが釣れる釣り堀、自分で香りのつぶつぶをキャラクターの入れ物に詰めて香りのキーホルダーを作るなど、親子で参加して楽しめる縁日風の催事）で、私、もっと何回もやりたかったけど、お母さんに遠慮して、やりたい、って言えなかったの」と。そして「ああ、懐かしい～！」「可愛い～」「あったあった、これ、昔もこういうのあったね！」と泣き笑いしながら、とうとう大きな買い物袋2つ！　大人買いされてお帰りになりました。

懐かしいキャラクター、懐かしいサンリオの世界観に触れて、すっかり少女のように無邪気になった彼女の笑顔を見て、私までとても幸せな気持ちになり、同時に、この「懐かしさ」と言う感情は、そうそう提供できるものではない。だからこそ、古さの中にある大切な思い出をないがしろにしてはいけない、と思いました。

きっと、同じような感覚を抱いている方は多いと思います。ぜひ、そういう方にはサンリオピューロランドにいらしていただきたいです。

そして、サンリオピューロランドは、懐かしいだけの場所ではありません。

サンリオピューロランドでは、季節ごとにイベントをしています。イースター、夏、ハロウィン、そしてクリスマス。

私たちが何もしなくても季節は変わり、シーズンイベントも切り替わっていきます。ですから、そこに合わせて変化を起こしています。

こうしたメジャーなイベントのほかにも、若手発案のオリジナル企画でバレンタイン＆ホワイトデーのシーズンイベントとして、『スイーツピューロ』という、スイーツをメインにした期間限定イベントも行っています。他にも、アーティストやタレントさんなどのゲストを招いた、1日限定のイベントもあります。もちろん、たくさんいるサンリオキャラクターの誕生日を祝うイベントもあります。

なので、毎日とまでは言いませんが、毎シーズン、サンリオピューロランドには、新しさもしっかりとあります。

「クリスマスイベントには去年行った」という方も、安心しないでください。毎年、別のクリスマスイベントになっています。

変わらないものがあるから変えられる

イベントは季節限定で入れ替わっていきますが、ロングランになるパレードやショーもあります。『みんな仲良く』というメッセージを盛り込んだ、サンリオピューロランドならではのこうしたパレードやショーはいつでも安心して見ていただけます。絶対にハローキティがほかのキャラクターをいじめることはありません。マイメロディが誰かを仲間はずれにしようとすることも、絶対にありません。

よく、「キティちゃんはなんでもやるね」と言われます。確かにあちこちで、いろいろな形でコラボをしています。でも、人を傷つけるようなことはしないし、武器は持ちません。ですから、どんなコスチュームを着ても、どんなコラボをしても、安心して見ていただけます。

パレードに話を戻しますと、どの場所で見るかで、見どころ、見え方が変わり、何度でも楽しんでいただけるようにつくっています。２階からご覧いただいても楽しめるよう、空間をフルに使った演出になっています。

もしもパレードを毎年入れ替えようとしたら、企画も準備も何もかも大変です。もちろん、膨大な予算も必要になります。そういった理由と、長く愛されるものを作りたいという想いから、ロングランで楽しんでいただくことを前提に作り込んでいます。

「サンリオピューロランドには、前に行ったことがあるな」という方、ぜひまた、いらしてください。そして、懐かしい部分と新しい部分を発見してみてください。

A

歴史があるから懐かしさがあり、ずっと変わらないものがあるから新しくできることがあります。

Q4

屋内施設で定員が少なくて、もっと広い屋外施設がうらやましくないですか？

サンリオピューロランドは、基本的には平日は17時まで、土曜が20時、日曜が18時までの営業です。イベントによっては閉館後さらに22時まで、ハロウィンの時にはオールナイトイベント、ということもありますが、連日遅くまで営業することはありません。ですから、アミューズメント施設としては、営業時間が短い方です。

また、サンリオピューロランドは屋内型の施設のため、一度に中に入れる人数が限られています。また、入場料（パスポート）は「安い」と言われることが多いです。

短い・狭い・安いの部分に注目される方は「いったい、大丈夫なの？」と、思うかもしれません。

でも、これが私たちの強みなのです。

比較的、チケットが安いから、何度でも気軽に来ていただけます。狭いから、すぐに次のシアターに移動できますし、一人できていただいても退屈することなく一日中楽しむことができます。

営業時間が比較的短めに設定されているから、たまに行うオールナイトイベントにはギャップがあり、特別感を存分に楽しんでいただけます。過去にはもう少し遅くまで営業していたこともありましたが、交通機関の状況や、近隣施設とのバランス、お客様の楽しみ方を考えて、現在の営業時間が最適とたどり着きました。今後も、状況に応じて決めていこうと思っています。

夜は夜で別の楽しみ方もあるでしょう。でも、そこは屋内施設。昼でも夜を演出できますし、一年中雪を降らせることができます。いつでもいらしていただいて、いろいろな演出を楽しんでいただける、これは屋内施設の大きなメリットです。

雨でも風でも楽しめる

実際に、屋内施設であることは、私たちにとっては最高です。お天気に左右されない、これは運営上の見込みがつけやすく、とってもありがたいことです。

東京では、２０１７年は記録に残る長雨の年でした。８月は21日間連続で雨が降り、これは40年ぶりと報じられました。10月も15日連続で雨が降って、こちらはなんと１２７年ぶりだったそうです。

この時期、サンリオピューロランドの来場者数は絶好調でした。

屋外型の施設では、なかなかこうはいかなかったと思います。

サンリオピューロランドにいらっしゃるお客様は、若い女性も多いです。お洒落をしたいから、あまり厚着をしたくないし、できれば足元もいつもの可愛い靴を履きたい。コスプレしている方はなおのことです。

風が強いとせっかく決めた髪型が台無しになってしまいますし、カチューシャも飛ばされそうです。サンリオピューロランドであれば、雨が降っても途中で風が強くなっても、安心して、一日中楽しんでいただくことができるのです。

もちろん、屋外型だったらこんなこともできたかな、と思うことも多々あります。でも、今とは違う環境を羨ましがるよりも、今ある環境をさらに活かすことを考えたいと思います。

A

屋根があるから、天気を気にせず好きなメイクとファッションで一日中楽しんでいただけます。

Q 5

私の職場は制約ばかりなのですが、小巻さんのようにやりたいことができますか？

できるのでは、と思います。私の職場も、制限ばかりですよ。制約のない職場はないのでは？　とも思います。

サンリオピューロランドは『遠い』『古い』と思われていますし、実際にとても大勢のお客様を受け入れるキャパシティもありません。

立地は変えられないし、歴史も変えられないので、だからこそそれ以外に注目し、それ以外のところで何とかしてみようと考えるようになるのです。

制約はあるけれど、それがサンリオピューロランドの性格であり、個性であり、実は長所である。そう考えると、では、その長所を活かしてどうしようかなと考えるようになります。

もしも制限がなかったら、そこで何をするかは、沙漠の中でダイヤモンドを探すような行為に近いと思います。あちこちに可能性がありそうで、どこから探したらいいかわからないような状態です。でも、こぢんまりしていると「よし、ここから探すんだな」と可能性を深掘りする覚悟も決まります。

“サンリオキャラクターの世界観に縛られますよね？”

サンリオピューロランドにいらっしゃるのは、サンリオやそのキャラクターに興味のある方が多いです。興味のない方は来ない、だから市場が狭いという考え方もあるでしょう。

でも、ハローキティファンの方は、こんなことをしたら喜んでくれるかな？　マイメロディファンの方は、マイメロディがこんな衣装を着たら可愛いと思ってくれるかな？　と、想像し、新しい企画を生み出すことは限りなくできます。

特に今は、ＩＴ・デジタルマーケティングのさまざまなツールが発達したおかげで、このキャラクターが好きな方にはこんな方が多い、また別のキャラクターが好きな方にはこんな方が多いと分析がしやすくなりました。そして、それぞれのサンリオキャラクターの魅力を活かして、ファンの方に喜んでいただけるイベントを企画できるようになってきました。

もしもサンリオピューロランドが、〝サンリオキャラクターの世界観〟にとらわれないテーマパークであったら、方向性が定まりにくかったと思います。

制約があるということは、やれること、やるべきことが明確であるということ、そこに集中できるということだと私は思っています。

A

制約があるから、必要以上に悩むことなく、やれること・やるべきことが明確になります。

第2章
増やすより、濃くする

Q 6

日本の子どもの数は減っているのに、サンリオピューロランドは大丈夫？

たしかに、人口は減っています。ですから、長期的に考えれば、なにか大きな作戦を立てなくてはならないでしょう。

でもまだまだ、日本には億を超える人が住んでいて、そして、一度もサンリオピューロランドに来たことがないという方も大勢いらっしゃいます。

その原因は、まだまだ私たちの力が足りなくて、「来てください」というメッセージを伝え切れていないことだと思っています。ここの努力はこれからもしっかりしていきます。ですから、人口減の影響について、しばらくは危機感はあまりないと考えています。

また、「人口が減っているから危機だ」とは私が思わない他の理由は、時代が今のように変わってきているからです。

あちこちで言われていることですが、これまで私たちは、あれもほしい、これもほしいという時代を生きて、そして、もう、ほしいものはそれほどない、という気持ちになって、今は、持たなくていい、シェアでいいという流れになってきています。

オフィスもシェア、車も自転車もシェア。シェアハウスに住んでいるという方もいるでしょう。先日は、恋人をシェアするという考え方もあると知って、驚きました。とにかく、それまでは所有が当たり前だったものを、シェアする時代になっています。

でも、そういったシェアの時代になっても、絶対にシェアできないものがあります。

それは、心を動かされることです。感動することです。

何かに感動したことを、人に話してシェアすることはできます。でも、誰かの代わりに感動することはできません。感情はその人だけのものなのです。そして、どんなときに最も心が動くかというと、リアルに、ライブで何かに触れたときではないでしょうか。

つまり、人の喜び、楽しみ方が、物質的な「量」から、精神的な「質」に変わってきているのです。ですから人口が減っていくことは、今すぐに危機感を感じる、というよりは、まだまだサンリオピューロランドとしてできることはありますし、お客様に何度も来ていただく努力や、楽しみ方の多様なサービスを提供していくことに注力する段階だと思っています。

そして、どちらかと言うと、働き手が減少していくことに対しての危機感はひしひしと感じており、対策を計画的に立てておかなければならない、と思っています。そういった意味では、人口減少は、業務のデジタル化に踏み込むチャンスでもあり、組織のあり方を見直すタイミングだとも言えます。

時代の変化は、本当に凄まじく、うかうかしていられない分、みんなで学び、知恵をシェアしながらやっていかなければ置いていかれてしまうので、絆を深める必要性が増している、いい時代なのかもしれません。

アイドルには、会いに行きたい

人の楽しみ方が変わった、と言いましたが、サンリオピューロランドにも、リアルな感動を求めて足を運ぶ方がたくさんいらっしゃると思っています。

イラストのハローキティも、多くの人を虜にしていますが、ライブキャラクターはそれ以上です。ハローキティに限らず、サンリオキャラクターたちみんな同様に、デザインとしての可愛さもありますが、ライブキャラクターの魅力は圧倒的なパワーで、誰もが引き寄せられてしまうのです。

ハローキティ、マイメロディ、シナモロール、ポムポムプリン、クロミ、バッドばつ丸、けろけろけろっぴ、ポチャッコ、リトルツインスターズ（キキ&ララ）、みんなのたあ坊、ぐでたま、ウィッシュミーメル。まだまだたくさんのライブキャラクターがいますが、みんな、ショーやイベントの時以外でも、すれ違う時や、ちょっとしたお客様とのふれあい、何気ない日常の、どんな時でも、本当にそれぞれの世界観を全身で表現してくれています。その様子は、お客様はもちろん、私たちスタッフも、胸がキュンとして、抱きしめたくなる衝動に駆られてしまいます。このライブ感、これこそがサンリオピューロランドの最大の強みなのです。

今は、テレビでの放送を待たずに、何度でもドラマや動画を見られますし、動画サイトも充実しているので、いつでも大好きなアイドルやアーティストのコンサートを見ることができます。けれど、多くのファンの方は、やはりライブに出かけて行き、興奮し、感動し、満足して帰っていきます。生で見たい、会いたい。しかも、できればツアー中、何度でも可能な限り見に行きたい、これがファンの心理です。

私も、そうなのです。大好きなアーティストのライブがいつも待ち遠しいですし、ツアースケジュールが発表されれば、自分のスケジュールをそこに焦点を合わせて組むようにしています。同じセットリストであっても、毎回のちょっとした違いを発見するのは至福の瞬間、特に千秋楽の盛り上がり、達成感の場に立ち会える喜びは格別で、そのアーティストの方へのお疲れ様の気持ちと、次のツアーまでの短いのサヨナラを込めて、感極まってしまう。すなわち、感動の極みを味わうことができます。サンリオのキャラクターも、多くの人にとってそういった存在、憧れのアイドルなのです。

人口が減り、ご来場の方の数が減ったとしても、それよりもっとファンの方の熱量を最大化し、ここにきて感動していただき、元気になっていただくことでサンリオピューロランドの存在意義を深掘りすることに注力したいと思っています。

A

シェアの時代だからこそ、感情はリアルにライブで味わいたい人がたくさんいます。

Q7

テーマパークに、来場者数より大事なものがあるのでしょうか？

正直に言いますと、来場者数はやはり大切です。まだまだ、来場者数は伸ばしていきたいです。ただ、そこだけではなく、私たちが追っていくべき数字はほかにもあると思っています。

たとえば、オリジナルグッズの開発にさらに磨きをかけて、お客様に欲しい、と思っていただくこと。そして、そのためにサンリオピューロランドに行かなくちゃ、と思っていただき、来場につなげることはもっとできると思っています。

さきほど、ライブの魅力について話しましたが、ライブの楽しみは、見るだけではなく、そのライブにまつわるグッズを思い出として買うこともあります。それは自然な感情だと思います。決して押しつけるのではなく、これまで以上にお客様のファン心理を満たして、さらに欲しくなるようなグッズをつくるということは、当然売上げのアップにもつながることなので、しっかり取り組むべきことだと思っています。

それから、サービス面でもやらなくてはならないことが山積しています。

サンリオピューロランドは、階段の多い施設です。その階段を全てなくすことはできませんが、でも、障がいのある方にも楽しんでいただけるような工夫はまだまだできるはずです。

こうしたことは、ひとことで言うならばお客様の満足度を上げることになるのかもしれませんが、これから私が力を入れていきたいのは、ここの部分です。

一緒に働くスタッフにも、サービスの質を上げる、コンテンツの魅力を濃くすることに努力と研鑽を重ねてほしいですし、お客様に「サンリオピューロランドは、そういうところまで頑張るんだ」と認識していただけるよう頑張ります。そして、サンリオのキャラクターやグッズ、ショーやパレードなどのイベントだけでなく、サンリオピューロランドそのもののファンになっていただくことが、来場者数を気にすることよりも大切なこと、だと思っています。

急に大きくするといろいろなものが薄くなってしまう

来場者数つながりで考えますと、もしも、サンリオピューロランドが広大な土地を持っていて、スタッフも大勢いて、３００万人、４００万人とお客様が増えても対応しうるだけのキャパシティがあれば、お客様の数を増やすことにもっと焦点をあててもいいのかもしれません。

でも、今の私たちはそういった状況ではありません。

中には、数が増えること、規模が拡大していくことに大きな喜びを感じる人もいると思うのです。たしかに、ビジネスとはそういうものです。

たとえば土地を購入してエリアを広げ、それに対応できるようにスタッフもたくさん採用して規模を拡大する、または、他の施設をスタッフごと引き受けてサンリオピューロランドの看板を掛けるとなると、それなりの相当な準備と時間がかかります。覚悟も必要です。

まずは、なんのために拡大するのか、そこではお客様に何を提供したいのか、絶対に薄まってはいけないものは何か。今、ようやくみんながサンリオピューロランドの方向性を少しずつではありますが深く理解して、向かう方向性も共有できたところです。拡大を目的とした拡大では、せっかくの「心」が薄まってしまう。拡大するには、それだけの丁寧な方法が必要だと思っています。理念を浸透できる時間が必要です。サンリオキャラクターの世界観をしっかりと理解し合う仕組みも必要です。

拡大のために大切なことを失くしては元も子もない。ですから、慎重に組織をつくりながら成長していきたいです。急激な時代の変化の中にあって、悠長なことを言っているように聞こえるかもしれませんが、無理な拡張、急な拡大が時代にあっているとも思えません。

私たちは私たちならではの大切にしたいことを失わないスピードで、成長していきたいと思っています。

Ⓐ

まずは大切にしたい私たちならではの「財産」をしっかり共有し、浸透させてから、次の一歩へ。

Q8

テーマパークというビジネスはどこに面白みがあるのでしょうか？

お客様の数が何人、男女比がどれくらい、年齢は、外国人比率は、平均滞在時間、平均支出額は……。

こうしたデータだけでは、計り知れないところがテーマパークの面白さです。

こうしたデータを日々取得し、分析して、プロモーションなどに活かしています。

こうしたことが比較的簡単にできるようになったのは、デジタル化が進んだ恩恵に他ならないですし、かなり助けられています。

でも、こうしたデータには反映されないものもあるのです。

それは、熱量です。

現場を見ていないとわからない、熱量です。

たとえば、新しいキャラクターがサンリオピューロランドにデビューしたとき、お客様はどんな反応をされるだろうか。わっと駆け寄っていく、そのスピードはどうだろうか。

最近あまり登場していなかった、懐かしいキャラクターが出てきたら、どんな歓声が上がるだろうか。新しいグッズが並んでいるのを見たときの、お客様の「かわいい」という声のトーンは、どんな感じだろうか。ショーを観ている表情は笑顔？　真剣？　涙？

いずれＡＩの発展と共に、表情も温度感もデータでわかるようになると思います。けれど、決定的に違うことがあります。それは、スタッフ側のモチベーションへの影響です。生の現場で、お客様が感動して涙していらっしゃるのを見たとき、スタッフは、どれほどの喜びがあるでしょう。ひとつの作品ができあがるまでの苦労が報われた思いもするでしょう。もっともっとがんばろう、と勇気をもらうことでしょう。

これが、テーマパークの仕事の醍醐味だと思います。日々、感動をいただける幸せなお仕事でもあります。

熱量はデータに反映されない

サンリオピューロランドの中にいると、その醍醐味が良くわかります。キャラクターたちの人気ぶりはもちろんのこと、そのキャラクターのファンの方たちの傾向やキーワード、お話を聞かせていただけることで思いがけないリクエストをいただくこともあります。とても熱くキャラクターとご自身のストーリーを語られる方もいらっしゃいます。こうした、肌で感じる熱量が、次の企画のタネになります。

もちろん、言うまでもないことですが、ネットの反応もありがたいです。

おそらくサンリオピューロランドからの帰り道の電車で書き込まれたのではない

か、と思うタイミングで「こんな対応してもらえて嬉しかった」というようなことを、ＳＮＳに書いて下さる方がいます。

ですからデータは大事です。より多くのお客様に来ていただくことは私たちにとって大きな励みです。でも、それだけではない。データに表れない感動場面や変化を汲み取って、次に活かす。それが、この仕事の楽しいところです。

A

データには見えない動きがすぐに肌でわかり、それを次に活かせる。とても面白い仕事です。

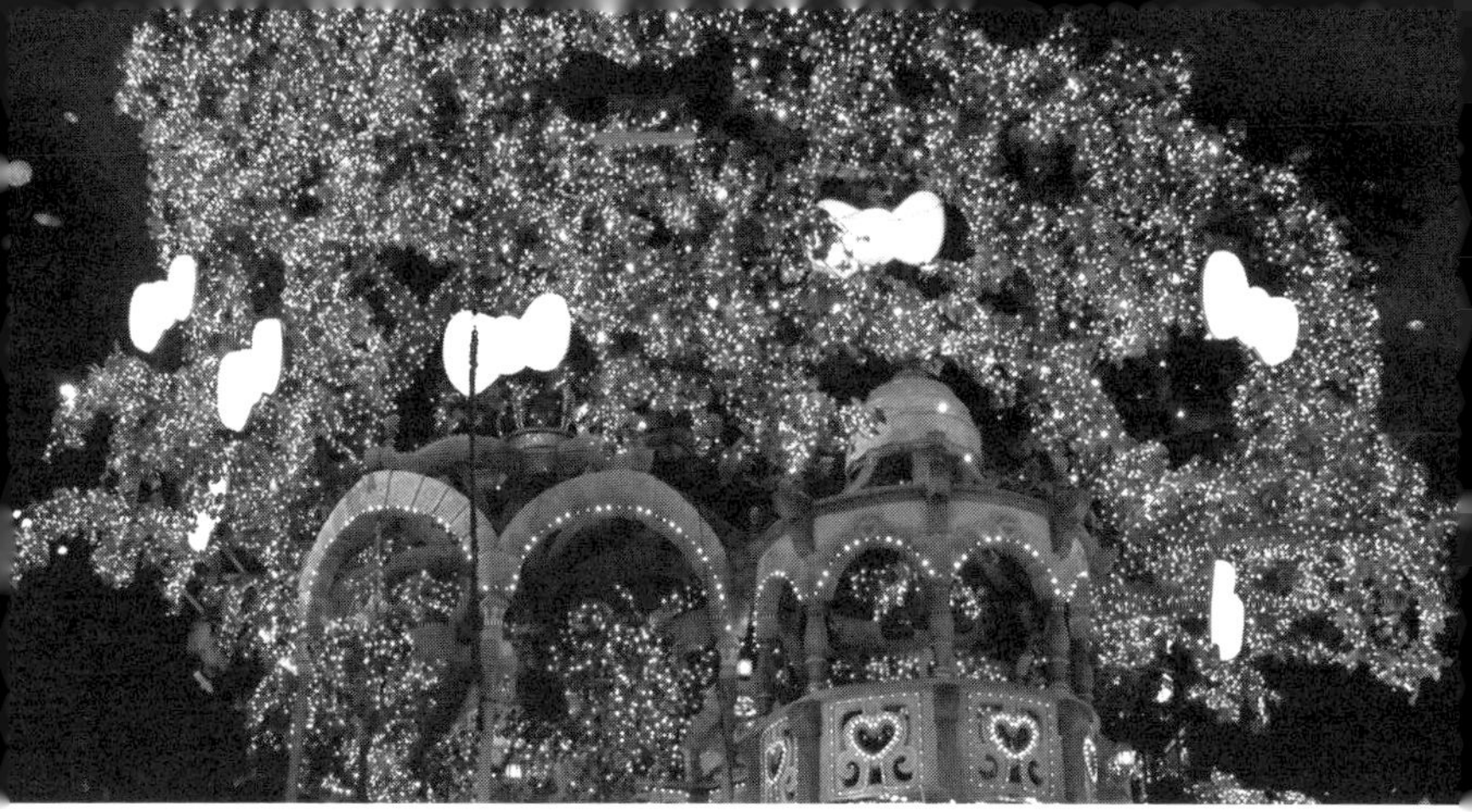

第3章 イメージは新しく付け加えられる

Q9 サンリオのキャラクターは子どものものですよね？

たしかに一般的にはまだそう思われているのかもしれません。だとするならば、そこから脱却することに挑戦し、ファンの層を広げる喜びがあります。

ハローキティも、もともとは女の子向けとされてきたキャラクターでした。1974年に誕生したころは、女子児童向けのキャラクターだったのですが、1990年代半ばを過ぎると、大人の女性の間でも、ハローキティのグッズを持つ人が増えました。華原朋美さんをはじめ、数名の芸能界の方たちが、ハローキティファンであることを公表したことや、マライア・キャリーやキャメロン・ディアス、ヒルトン姉妹、近年ではレディー・ガガやテイラー・スウィフトなど、海外のスターたちがグッズを持っている姿が見られるようになったことが影響しているのでしょう。

今は、子どもの頃からずっとサンリオのキャラクターが好き、という方や、途中少し離れていたけれど、またサンリオキャラクターのファンへと戻ってきた方もいらっしゃいます。


大人の女性にサンリオキャラクターが受け入れていただけるようになって、サンリオピューロランドでの方向性も幅が広がってきました。ありがたいことです。お子様むけに作ったショーやイベントはもちろん喜んでいただけますが、そこに大人女子が参加されることはほとんどありませんでした。

けれど、キャラクターは子どものもの、というイメージから脱却できたことで、今のサンリオピューロランドは風景が変わりました。大人の女性たちが大勢楽しんでくださっています。

ピューロランドの〝おとこまつり〟

サンリオピューロランドでも、イメージを逆手に取ったイベントを行ったことがあります。２０１７年の〝シナモロールのおとこまつり〟です。

空の上で生まれたキャラクター、男性からも人気のシナモロールの15周年を記念した、男性限定のイベントです。

シナモロールは白い子犬の男の子ですが、この日は、シナモロールにそっくりな、品川紋次郎（しながわもんじろう）が初登場しました。

サンリオピューロランドにいらっしゃるお客様は大半が女性です。けれど、この日だけは思い切って男性による男性のためのイベントとしました。

それまでやったことのない試みなので、何人くらいの方が来て下さるか、心配でもあったのですが、事前予約はすぐに一杯になりました。〝男性による〟イベントということで、スタッフも男性ばかりで、当日は〝押忍！〟という挨拶でお客様をお迎えしました。

シナモロールが、普段は空を飛ぶための大きな耳で〝気合い〟を入れるなど、いつもとはちょっとおもむきの違うイベントでしたが、参加して下さったお客様はとても喜んでくださいました。

いつもと違うこと、今までにはないことをすると、元々のイメージが大好きな方のなかには「もうやらないで」とはっきりとおっしゃる方もいます。元のイメージも大事にしながら、新しいイメージもつくっていくことは、本当に難しいなと感じています。

ただ、私たちとしては、このキャラクターは誰のもの、と決めてしまいたくはないと思っていますし、こんな楽しみ方もありますよ、と紹介もしたいと思っています。

A

強いイメージがあるのなら、そこに新しい要素を少しだけ加えてみると、新しい世界が広がります。ただ、元のイメージが好きな人もたくさんいるので、あまり過激に変えすぎないことにも留意したいと思います。

Q10 サンリオのキャラクターって〝かわいい〟ものですよね？

ほんとうに、かわいいですよね。

そして、そのかわいらしさは、日本の女の子の心だけに響くかわいらしさではないのだろうと思います。性別や国民性を越えて、誰にでも「かわいい」と思わせる力を持っています。特に、ハローキティはそうです。なぜかはわかりませんが、それが魅力というものなのでしょうか？

だいぶ昔の話ですが、アメリカに住んでいた時の事です。スーパーマーケットでお買い物をした帰り、駐車場で身体のとても大きいヒスパニア系の男性（おじさん）がちょっと不機嫌そうな感じで掃除をしていました。周りにあまり人はいなくて、私は「ちょっと怖いな」と感じてしまい、遠回りをしようとしたとき、そのおじさんが私の着ていたTシャツをちらっと見て「Ｏｈ！ Ｈｅｌｌｏ Ｋｉｔｔｙ!!」と叫び、満面の笑みになったのです。本当に一瞬でおじさんと私の間の空気が変わりました。ハローキティマジックだと思いました。

たったその一言で、国も、性別も年齢も超えて、繋がれる。こういったエピソードは私だけではなく、多くの方が持っていると思います。ハローキティ以外のキャラクターでもそうです。キャラクターの魅力、かわいさのパワー。これまでもさまざまな場面で感じてきましたが、サンリオピューロランドにいると、その場面をたくさん見ることができます。

かわいらしさの背景にはメッセージがある

ハローキティをはじめとするサンリオキャラクターが愛される、信頼される理由は、デザインのかわいさだけではなく、一人ひとりが持っているメッセージ性にあると思っています。

ハローキティには、思いやりのメッセージがあります。どんなときにもあなたの気持ちに寄り添う、という大切なメッセージがあります。

サンリオピューロランドではそうしたメッセージ性を大切にしてショーやパレードを作っています。

お客様は、キャラクターたちのかわいさと共に、癒しや、安心感、といったものを感じていらっしゃるのではないか、と思います。表現や手法は変えていっても、このメッセージ性の部分は普遍的なものです。しばらく会わない時期があっても、久しぶりに触れ合うと、そのメッセージに触れて懐かしさ、愛おしさを感じていただける場所として、これからも、キャラクターたちの発してきた大切なメッセージを変えず、かといって、押しつけがましくならないような方法で、伝え続けていきたいと思っています。

A

サンリオピューロランドは〝かわいい〟キャラクターがいるだけの場所ではありません。キャラクターたちは、私たちが何を大切にしたらいいかを知っていて、それをかわいく伝えてくれます。

Q 11 イメージを裏切ってしまったらどうしようかと、怖くないですか？

サンリオのキャラクターにはそれぞれストーリー、世界観があります。ファンの方からは、「期待されるキャラクター像」というような、これまで積み重ねてきた時間の中で出来上がってきたイメージがあると思います。サンリオピューロランドでのショーやパレードの中で、そのキャラクター像から極端に外れた行動をとり、キャラクターが自らイメージを壊すことはまずありません。

でもときどき、お客様が手を振ってくれているのに気が付かなかったり、「他の人にはたくさん手を振っていたのに、私には振らなかった。裏切られた」と思われたりしてしまうこともあります。きっと、本当にそのキャラクターを好きでいてくださって、ようやく会いにきてくださったからこその、がっかり感だと思います。

申し訳なく思いながら、どうしたらいいのだろう、とスタッフとともに悩み、何度も検討を重ねているところです。

「そんな風に受け止めないで下さい」「そんな風に感じないで下さい」と言っても、受け止め方、感じ方のコントロールはなかなかできません。

前の章でもお話ししましたが、リアルなライブを本当に楽しみに、中には会社を休んでまで来てくださっている方もいるのですから、自分に手を振ってくれなかったと感じたら、がっかりしてしまう気持ちは私もとてもよくわかります。

キャラクターに会っていただける場面や時間帯の工夫、あえて有料、という形で必ず会える時間を確保できるような設定、あるいは、リアルなふれあいとともに、これからはデジタルでのインタラクティブなやり取りができたらいいのではないか？などなど、いろいろとアイデアも出てきています。

裏切ってしまう怖さはもちろんあります。だからこそ、より一層、キャラクターのファンの方の気持ちを知る努力を怠らずに、その気持ちにお応えできる手法をみんなで考えていきますし、キャラクターとのふれあいのコミュニティができたらいいのかもしれない、というアイディアもあります。キャラクター好きの方同士がお互いの気持ちを共有しあい、サンリオピューロランドにどうして欲しいか、を提案していただくことも今の時代に合っているのかもしれません。実は、サンリオピューロランドのアンバサダーという形で少しずつ、このことを試しています。もっともっと、ご期待にお応えできるようになりたいです。

一番裏切ってはならないものは何か

おかげさまで、今、サンリオピューロランドは来場してくださるお客様が増えています。そして、数年前に比べると、圧倒的にキャラクターたちへの熱量が増えています。キャラクターに会える「キャラクターグリーティング」には、長い列ができ、そのキャラクターのお誕生日記念グッズはすぐに完売、といった状況になっているのです。もちろん、これはとてもありがたいことです。

人気上昇のおかげで、以前ならキャラクターとのコミュニケーションにもあった余裕が、少し、失われているかもしれません。

A

キャラクターがお客様を裏切ることはないのです。でも、裏切られたと感じてしまうお客様がいるなら、できる限り、お客様の気持ちを知る努力をします。そしてできる限り、その気持ちに添える方法を考えます。

Q 12

自分自身に持っているイメージを変えることはできますか？

できます。

私はサンリオピューロランドに赴任してから、さまざまな課題に対して自分なりの解決方法を考え、実施しようとしたことが数回ありました。新しいことを始める時には、社内で慎重な意見が出るのは当然です。会議で、そういった新たな施策について賛同してもらうためには、それによってどんなメリットが得られるのかを、数字で示した方がいいとアドバイスを受けました。確かにメリットを感情論で語るより、数値化して示せたほうが納得しやすいですし、説得力があります。

でも、私には困ったことがありました。私は数値化というものが苦手なのです。

それまで、「数値化は面倒」とも思っていましたし、自分は数字アレルギーだと思っていました。

けれど、サンリオピューロランドで、多くの男性幹部と仕事を進める上で、数値化はとても大切なコミュニケーションスキルでした。お客様満足度、従業員の離職率、お客様からのクレーム数の増減など、数字で見ることで喫緊《きっきん》な課題も浮き彫りになります。

「数字は苦手」と決めつけていただけで、数値化の効果がわかれば、苦手どころか、自分にとって必要であり、便利な方法だとよくわかってきました。

ただ、もっと難しい数字が、私を待ち受けていました。

財務諸表です。

実は、それまでの仕事では、研修のプログラムを作ったり講師をしたり、イベントやプロジェクトの企画立案のような業務が多かったため、きちんと財務諸表を見て読み解くということをしてきませんでした。赴任当時は、経営会議に出ても、当初は数字がすぐに頭に入ってこない状態でした。

勉強するとは、メガネをかけること

数字で表したほうがいい、と言われても、「数字アレルギーなので、できません」とは言えないですし、課題を改善するためにも、諦めるわけにはいきませんでした。そのため、まず基本となる簿記を勉強することにしました。普段は勉強をするなら通学派ですが、この時期学校に通うのは時間的に難しそうだったので、通信教育を選びました。

簿記の知識がわかると、とりあえず数字に興味が湧きました。見えなかった物が見えるようになる。メガネをかけるようなもの。

その新しいメガネをかけた自分は、見えるものも変わりましたが、鏡に映る自分も、他の人の目から見ても、それまでのイメージとは違う、新しい自分です。

A

自分で思い込んでいるイメージは、必要に応じて変えていくことができるのです。

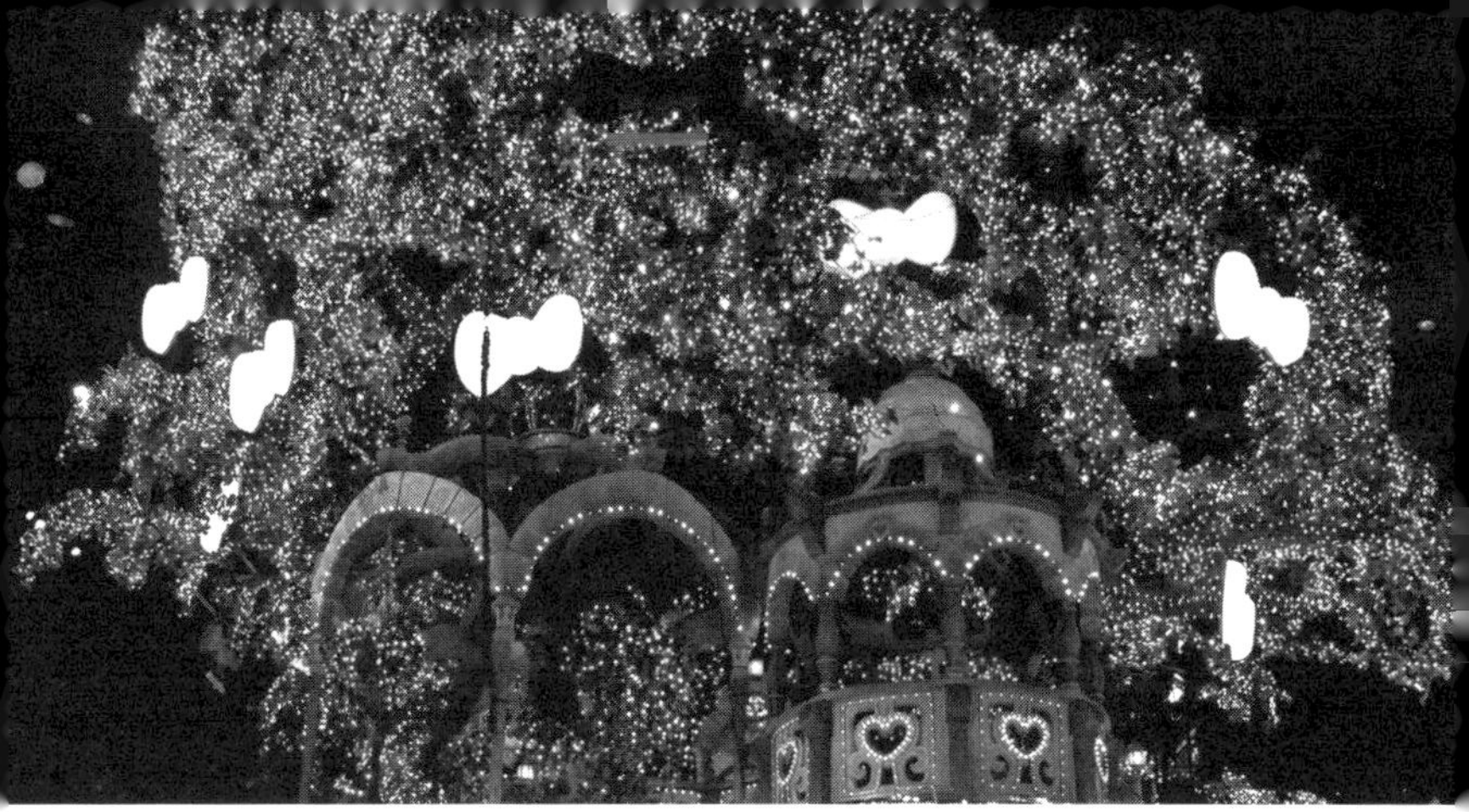

第4章

「ないないづくし」くらいがいい

Q 13

日々忙しい中、新しいことに取り組む時間はどうやってつくるのですか？

専業主婦だった頃、子どもの通う幼稚園のママ友に、バリバリの起業家がいました。そのママ友があるとき、こんなことを言っていました。

「『子どもが幼稚園を卒園して、小学校に入ったらやろう』『お受験が終わったらやろう』と言っている人は、そのタイミングになっても絶対にやらないわよ。忙しい時こそ、新しいことを始めるチャンスよ」

つまり、「今、やりなさい」ということです。

たしかに、これが終わってからやろう、あれが終わってからやろうでは、いつまで経ってもなかなか始められません。このときのママ友の言葉が、私の耳の中にはずっと残っています。それ以来、私はあえて忙しい時に次々に学びのスケジュールを入れてきました。何かを学ぶと、知らないことがたくさんあるな、と気づき、そして、次にはこれを知りたい、と思う連鎖反応がずっと続いています。

仕事や家事の合間で、まとまった時間が取れなかったとしても1日24時間、1週間は168時間ありますから、その中で少しの時間を使って、ゆっくりじっくり取り組むことで身につくこともあると思います。どんどん自分の引き出しが増えていくと、ネットワークも広がります。それは人生にとってとても貴重な財産だと思います。ですから、忙しい時でも時間はやりくりして捻出します。

1日1時間くらいなら捻出できる

時間を捻出するといっても、せいぜい、1日1時間から1時間半くらいです。それが難しかったら週に数時間でも積み重ねれば相当な時間になっていきます。

時間を捻出したと言うよりは、割り振りをし直したと言った方が、やってきたことの実態に近いです。今でもたしかに忙しい毎日ではありますが、それでも、新しいことに挑戦する時間はそれなりにできるものです。新しい言語も学んでみたいですし、時代においていかれないためのさまざまな知識もインプットしていきたいと思います。

サンリオピューロランドは２０２０年12月で30周年を迎えますが、サンリオも２０２０年８月に60周年を迎えます。そういうタイミングで、私が今のような仕事をさせてもらっているのも何かのご縁です。できるなら、必要なこと、知りたいことを学び、広くさまざまな分野の方々と情報交換をして仕事に役立てたいですし、刺激を受け続けたい、と思います。

A

無理に時間を捻出する必要はありません。時間の割り振りを見直してみると、案外時間はあるものです。

Q14

必要性はあっても、予算外のことをするって大変ですよね？

事業をする上で決めておいた予算に沿って進めるのは基本であって、その計画を大きく外すのは避けたいことです。けれどその基本を上回るほどの緊急性がある場合は、予算外でもゴーサインを出さなければならないことも起こります。

私がサンリオピューロランドに来て、3カ月後に始めたのが、接客を担うスタッフ全員が参加して実施するウォーミングアップ朝礼です。当時課題満載だった接客スキルを向上するため、そして、スタッフ間の連携を深めるために毎日繰り返して、短い研修のような朝礼を行うことが緊急課題だと思ったのです。

仕事に入るタイミングは業務の場所によって人それぞれなので、全員参加の短い研修を1回すればいい、というわけにはいきません。今、サンリオピューロランドでは毎日、平日は1日9回、休日は多い日で17回、ウォーミングアップ朝礼を行っています。

朝礼をそれまでよりも15分長くするには、みんなに、15分早く出社してもらう必要があります。サンリオピューロランドにはアルバイトで働いている人も多いので、15分早く来てもらうには、その15分ぶんの時給を払わなくてはなりません。これは、結構な金額になります。

人件費は、名目上は経費です。ですから、朝礼のために新たに経費を使うようにしたとも言えます。

でも私は、朝礼をしっかりすることで、接客スキルをアップし、スタッフ間のコミュニケーションを深め、そして、若いアルバイトスタッフの話題から企画やサービス改善のアイデアをもらえるメリットを考えると、この人件費はマーケティング経費でもあり、将来への投資だと思っていました。

アルバイトスタッフには、学生を中心に、いわゆるF1層と呼ばれる若い女性がたくさんいます。

彼女たちは、サンリオピューロランドに遊びに来てくれるお客様の層とほぼ同じです。ですから彼女たちは情報の宝庫です。

今、何が流行っていて、何に夢中で、何が好きで、何をしてみたいと思っているか、彼女たちの話から貴重なキーワードが飛び出してきます。そうした話を聞けば、改善ポイントもわかり、コミュニケーションも図れるのですから、一石二鳥です。

それに、朝礼の場で、毎日顔を合わせるとこれまでだったらあえて時間を取るまでもないような些細なことも、言いやすくなります。

そこには、お客様からサンリオピューロランドへのクレームではないけれど大切なご意見や、小さなリクエストや不満も含まれています。

たとえば「最近、お客様からこれについて聞かれることが増えました」ということは、事前に十分なご案内ができていないということ。さっそく対策をとり告知を丁寧にしたほうがいい、とわかります。

「お客様が『こんなグッズがあったらいいのに』と言っていました」

これは、商品開発をするチームには大きなヒントです。

「あのエリアは小さなお子さんには危なく見えます」

これは早速、改善をしなくてはいけません。

こうした声を聞くことができるのですから、15分ぶんの時給は安い投資です。

そして、アルバイトスタッフの声を聞いて、社員が改善をし、お客様が喜んで下さったら、またアルバイトスタッフたちは、何か気が付いたことがあったら、朝礼などで報告しようと思うモチベーションになるでしょう。

アルバイトスタッフの心が変わるというリターン

もしも私たちがお客様のリクエストや不満を知るためにアンケート調査を行ったとしたら、その分、お金がかかります。

調査をすれば、同じように案内不足やグッズや危険なエリアについて情報が得られるかもしれませんが、アルバイトスタッフたちの心の中に「もっとお客様の様子を見てみよう、声を聞いてみよう、そしてそれを朝礼で報告しよう」という変化は生まれず、お金には換えられない価値のあるリターンは生まれないでしょう。アンケートに使うお金は経費であっても、15分ぶんの時給を支払うことは、本質的には投資です。

サンリオピューロランドのような職場では、人件費という経費を削るのは最後の最後だとも思っています。お客様とコミュニケーションし、お客様に楽しんで、喜んでもらうための仕事は人にしかできないので、ここは減らしません。

昨今は弊社だけではなく、多くのテーマパークで人員の確保も課題になっています。せっかくサンリオピューロランドをアルバイト先に決めてくださったスタッフの皆さんにはできる限りやめないでいただきたいですし、卒業した後もサンリオピューロランドのファンでいてほしい。そのために格段に待遇を良くできれば一番いいのですが、そこはあまり無理をできないのが正直なところです。

そのことを理解している社員が、他の方法でアルバイトスタッフのケアをしてくれています。

たとえば、就職試験対策のセミナーを実施するとか。工夫をして、アルバイトスタッフのためになることを考え、実践してくれています。

A

その支出の本質は経費なのか投資なのかを見極め、予算外であっても踏み切ることも大切です。

Q 15

サンリオの知名度や有名なキャラクターがいても業績が低迷していたら、お手上げと考えてしまいますが。

たしかに、そう思われたこともあったと思いますし、スタッフの中にも頭を抱えていた人もたくさんいました。けれど、やり方・方法は、これで終わり、ということはないのです。

たとえば、サンリオピューロランドを知っていただくための広告の方法も、5年前は、まだテレビや新聞の折り込みが主流でした。けれど、それでもあまり結果に結び付いていないのであれば、それは失敗、ではなく、そっちの方法ではないよ、という貴重な実証結果を得た、ということなのです。ですから、広告の手法を変えてみて、どの方法が時代やサンリオピューロランドの方向性にあっているのか、ターゲットに届くには、どの媒体に、どんなビジュアルの広告が刺さるのか、精査しながら手を打っていくことで、次第に手応えが出てきました。

今は昔よりはるかに安いコストでさまざまなツールを試し、その結果を見て次の手を打てる時代です。既存のやり方にこだわらず、常に刷新していくことで打破できる希望がたくさんあります。


知名度や著名なキャラクターがいる、ということだけで成功できることもあると思いますが、やはり市場は常に動いています。ですから、工夫に工夫を重ね、幅広い世代からの意見を聞き、来ていただきたい層については深掘りしてお客様のニーズを聞く、時にはこちらが潜在的なニーズを推察してコンテンツを作り、反応を見ながら新たな試みへとつなげるサイクルを作ることが大切です。

マーケティングの基本ですが、その努力を徹底的にすることで、打つ手はまだまだあると思っています。

“みんなNAKAYOKU!”

サンリオピューロランドもハローキティと同じように、たくさんのタイアップをしています。

ハローキティは、地方のおいしいおまんじゅうにも、おせんべいにも、文具にも、民芸品にも、海外ブランドのバッグやアパレル、スポーツウエアにも、あちこちに顔を出しています。そこにハローキティを置くことで、注目され、購買につながることを期待しているのでしょう。そしてそのコラボは、元々それほどハローキティに興味のなかった人に認知を深めてもらうことに効果的でもあるのです。

私たちも同じような考え方で、さまざまな企業やアーティストさん、声優さん、あるいは地方のゆるキャラとタイアップをしています。

サンリオピューロランドをライブの会場として使ってもらうといった具合です。

会場として使う側は、駅から近い、天気に左右されない屋内施設を使えます。私たちとしては来場者数、入場料収入を得られますし、将来の可能性も手に入れられます。

ライブがあるからと、それまでまったく興味のなかったサンリオピューロランドに来られる方がいます。その中には、来てみたことでサンリオピューロランドそのものに興味を持ってくださるかたもいるかもしれません。そこで、すぐにもう一度行ってみようと思う人もいれば、すぐには行かない人もいて、でももしかしたらデートをすることになったときに思い出してくれたり、お子さんができたときに一緒に行ってみようと思ってくれたりするかもしれません。

そうした、すぐには効果が出ないかもしれないけれど、じわじわと効くかもしれない可能性のきっかけをつくるため、タイアップをしているのです。

こうした精神は、サンリオの創業者・辻信太郎が大事にしている〝みんななかよく〟という考え方と通じます。

一人では、一社ではできないことも、支え合える仲間とであればできるのです。いろいろな会社と助け合っていろいろなことをやってみるというのは、実にサンリオピューロランドらしいところですが、でも、私たちにしかできないことではないとも思います。

A

一人ではできないことを誰かとなら達成できるように、自社だけではできないことも他社とのコラボで可能になることも多々あります。

第5章 キャリアは自分のペースで積めばいい

Q 16

今の仕事がまったく面白くありません。

常に仕事が面白くてやる気に満ちて毎日が充実しています、という人の方が少ないのではないか、と思います。誰にでも、「仕事いやだな、つらいな」と思う時期、あると思うのです。私は仕事が大好きですが、時期で区切ってみると、つらいと思う時も結構ありました。でも、そもそも仕事をさせてもらえることは「ありがたい」と心底思っているので、やめたい、と思ったことはありません。

今、どうしてその仕事をしているのでしょうか。

稼ぐためでしょうか、生きていくためでしょうか。もしもそうなら、仕事をしたくないから稼がない、仕事をしたくないから生きていかないという選択はできないはずなので、どんなにその仕事が面白くなくても、やらなくてはならないと思います。

その仕事をする理由が、夢に近づくためとか、なりたい自分になるためであっても、「今やっていることは面白くない」と感じることもあると思います。

人間には、体調もあれば、その時の人間関係の影響もありますし、同じ仕事でも面白く感じる時、退屈な時、無意味に思える時、いろいろあります。

一つのアドバイスとしては、悩んでいるときは、やめない方がいい、と言いたいと思います。「もう絶対に無理」というタイミングを超えて我慢する必要はないとも思います。きっと、身体に拒否反応が何らか出ると思います。そのタイミングもまた、人それぞれいろいろありますから、耐性の強い人、弱い人、いろいろいます。

ですから、一概に「3年は我慢してやってみましょう」とも言えません。でも「絶対無理！」と思うまでは、少し頑張ってみたらどうか、と思います。そうすると、面白み、達成感、自分の成長などを感じるようになるかもしれません。

ぜひ、仕事の面白さ、やりがい、何の役に立っているか、などを探すような気持ちで挑戦してもらいたいです。この仕事の面白くないところ、いやなところばかりを考えていると、ますますそういうポイントを探し当てることにフォーカスしてしまい、マイナスのスパイラルに陥ってしまうからです。１００％面白みや楽しさを感じないままずっと続けるのは辛いものです。

私も、結婚と育児のためにしばらく仕事から離れていて、そして、社会に戻ってきたときにはある戸惑いがありました。

一番戸惑ったのは、自分の扱われ方です。これを告白するのは少し恥ずかしいのですが、同様の経験をしている方も多いと思うので、正直に書きます。

私は大学を卒業後、新卒でサンリオに入社しました。新人であることで、私は周りにいわゆる「ちやほや」大切にされていました。飲み会に出ても、大抵は、主役のような立ち位置でした。女子大生ブーム、そんな時代背景もあったと思います。

その記憶を持ったまま、昔を引きずったまま、40歳が近くなって再び社会に出てみるとそうした「大切にされている」という感覚を抱くことができないどころか、突き放されているなと感じました。こちらが本当の世間で、世間とは厳しい、優しくないんだと思い知らされました。自分が「なんぼのものか」思い知らされました。

なので、当初は仕事を面白いとは感じられませんでしたが、でも、そのときの私は、長いブランクを乗り越えて、仕事をして経済的に自立したいという夢があって、そのためには、今目の前にある仕事をしなければならなかったし、それがその時の私のしたいことでした。

なので「私は、世間から優しくされたいわけじゃないよね」と自分に言い聞かせました。「だったら、甘えるな」とも。

その経験は、とてもありがたい経験でした。仕事の本質は、甘やかされることではなく、自分の目指す方向に向かって、何かを乗り越えながら成長すること、という信念が育まれました。

乗り越えることで自信が生まれる

そこを乗り越えてもなお、仕事の中身をじっと見つめ直してみたときに「どうしてこれをやらなくてはいけないんだろう」「こんな仕事をするために私は生まれてきたのだろうか」と思ってしまうことがあると思います。

こうした疑念は、将来への不安と葛藤も生みます。

今、かつての私のような人に言えることがあるとすれば「そこで103％だけ、頑張って」ということです。

任された仕事に100％の成果で応えるだけでなく、相手の期待値を少し超えるのです。絶対にふてくされずに、お客様に今日のうちに御礼のメールを書くのでもいいし、報告書を提出するときにメッセージを添えた付箋をつけるとか、本当に、小さな努力でいいのです。

その3％の努力を続けていると、二つの効果が得られます。

まず、自分に自信がつきます。面白くないと思っていた仕事を工夫しながら乗り越えようとしている自分は、やがて自信につながります。

そして、その3％の努力を、見ていてくれる人は必ずいます。それが誰なのかは、努力の真っ只中にいるときにはわからないと思いますが、でも、います。世間は甘くはありませんが、でも、味方になってくれる人もいるのです。

ですから「なんでこんな仕事を」という憤りのエネルギーを、なんとか頑張るエネルギーに変えてみて下さい。そうすることが、自分自身にも会社にも、そして世の中にも、プラスになります。

A

本当にやりたいことを見失わず、少しの努力を続けていれば、自信が生まれ、味方もできます。今やっていること、ではなく、仕事をしている自分、を好きになって下さい。

Q 17

仕事をしていなかった時期があります。今から頑張っても、同世代に追いつけるとは思えません。

うまくお答えできるかどうかわからないので、ひとまず、私自身の話をします。

私は新卒でサンリオに入り、結婚退社して、社会復帰にあたっては他の仕事を選んで、それからしばらくして、サンリオから声をかけてもらって、サンリオのグループ会社で働き、サンリオピューロランドへ赴任してきました。

もしも、私がサンリオを辞めることなく働き続けて、今、ここにたどり着いていたかと考えると、その可能性はゼロに近いです。

結婚退職した後、11年、専業主婦をしていました。その時は子育てが幸せで楽しくて、再び仕事をするイメージを全く持っていませんでした。ですから、11年間のブランク中に何か資格を取ったり、情報をキャッチアップするような努力など何もしていませんでした。その時間、仕事を諦めずに継続していた同期とは、その時だけを切り取れば、仕事の知識は全く追いついていけないものだったと思います。

いろいろなことがあって、仕事に復帰した時、同世代についていけないどころか、若い社員にパソコンの使い方を教えてもらい、なかなかできず、という状況で、確かに情けなさを感じたのを覚えています。

でも、自分の積み重ねてきた年月には、それなりの知恵やスキルがあるものです。子育ての経験はタイムマネジメントにつながりました。ママ友の付き合い方から、コミュニケーション、人付き合いのコツ、を学びました。

やっていなかったことに対して遅れや知識不足があるのは仕方ないと割り切って、その分、自分がしてきたことに自信を持ち、自分なりのやり方でいい、と思うのです。落ち込んでいる時間がもったいないな、と思います。

キャリアの積み方は人それぞれ

仕事をしていない時期があった私は、ずっと仕事をしてきた人とは、同じようにはキャリアを積めません。ずっと続けて、望んだポストに就いた方のキャリアは素晴らしいと思うし、うらやましいとも感じます。

私は、ずっと仕事をしてきた人とは別のキャリアの積み方をするしかなくて、人生の想定外な出来事に翻弄されつつ、いろいろな経験をしてきました。それが今につながっています。

ですから、ブランクがあるから絶対に追いつけないと考える必要はないと思います。ブランクのある人には、続けてきた人とは違うキャリアの積み方があります。

走っている道が違うのだから、追いつこうとしなくていいのです。

A

ずっと仕事をしてきた人と、ブランクのある人とではキャリアの積み方が異なります。それに、ブランクがあることによる葛藤は、その後のためのいい経験になります。

Q 18

やっぱりまだまだ男性社会ですし、女性はなにかと損ですよね?

まだまだ、男性社会だなとは思います。政治の世界でもそうですし、企業の管理職にも、もっと女性が増えた方がいいと思います。管理職の3割を女性にという目標については、「問題は数じゃないでしょ」という気持ちもありますが、でも、そういうところから変わっていくのだろうなと思います。

では、私自身は女性であることで損をしたか、得をしたか、これは難しい質問です。

私は、だいぶ〝男性性〟を持ち合わせていると自覚しています。我ながら思い切りがいいし、矢面に立つのも割と平気で、よく「男前」だと言われます。

ただ、〝女性性〟も持ち合わせていて、それはたとえば、成長の喜びを感じられるところはそうだと思います。

この経験を通じてこの人に成長してもらおう、この人のここを伸ばしてもらいたい、そういったことを考え、そして、育っていくのを待てるのは〝女性性〟ならではなのかなと思います。

そして柔軟であることも、〝女性性〟かもしれません。

今の不確実な、変化の早い時代には「こう決めたからこうでなくては」という考え方をしていると、あっという間に置いていかれてしまいます。柔軟性が必要な時代ですから、女性に生まれて、そういった女性性を持っていることは良かったな、と思っています。

時代は変わりつつある

私自身は、サンリオピューロランドに来るまでは、女性の多い環境で仕事をしてきました。

ですから、サンリオピューロランドに赴任して、管理職のほとんどが男性ばかりの中に身を置いたときには戸惑いもありました。しかも、役職上は私が上司で男性が部下。こんな環境は初めてです。親しみを込めすぎても微妙ですし、クールすぎても距離ができてしまう、などなど、私なりにコミュニケーションの取り方については悩みました。

けれど、仕事の目的を共有し、そのために本音でぶつかり、結果を出すことにコミットして熱意を込めて関わっていくうちに、男性、女性、はあまり関係なく、サンリオピューロランドをよくしたいと思っているもの同士、になってきたと思っています。

男性スタッフの方は、きっと気を使ってくれているのでしょう、とわかります。それを、ネガティブに「女性だから違う扱いをされている」と感じずに、ありがとうね、と思っています。時代は日々変化していて、女性活躍、という文言を使っても、眉をひそめるような時代ではなくなってきています。

社内でも、もっと女性が活躍できる会社に、という理解が深まってきています。

男性だからできること、女性だからできること、というのは差別ではなく区別です。体力の差や、向き不向きはあっていいのではないでしょうか。

A

男性社会なのはその通りです。女性上司としての振る舞いに戸惑った時期もありました。でも、時代は変わりつつあります。

Q19

やりがいを感じていた仕事から外れることになってしまいました。

寂しさ、もどかしさ、あると思います。自分がやってきたことが誰かに渡されていくのを見ると、今までやってきたことを否定されたような気持ちになることもあると思います。

でも、会社の組織には、異動はつきものですし、外された、と思わずに、卒業して次のステージへ、と切り替えてみてほしいと思います。寂しさを次の仕事への期待に変えて、自分の新しい仕事に集中した方が自分にとっても会社にとってもプラスになります。

仕事の本質は業務そのものだけではなく、その業務を通して、自分も周りも成長することです。異動していくときには、自分がその仕事で得た知識や知恵などを振り返ってみることをおすすめします。

そのときにさらに、「ありがとうリスト」を作ることもおすすめします。引き継いでくれる人にも「ありがとう」の気持ちで、これまでの業務を引き渡すことで、そこに込めていた情熱も伝わることだと思います。

受け取る側も、外されて悲しい、寂しい、悔しい、と思いながら引き継がれるのではなく、大切に取り組んできた業務を手放すのは寂しいと思えるほど、情熱を込めて仕事をしていたので、よろしくお願いします、という気持ちで説明されたら、安心して受け取ってくれると思います。

誇りを持てる職場ならどんな仕事でも楽しめる

会社には、いろいろな仕事があって、それぞれの持ち場でいろいろな人が働いています。サンリオピューロランドでもさまざまな業種に、多世代のスタッフが関わっています。

では、かわいい商品やメニュー、イベントの企画は、サンリオピューロランドのメインのお客様である若い女性の気持ちがわかる同世代20代女子だけがいれば良くて、40代、50代の男性が必要のない人材なのかというと、決してそんなことはありません。たとえば、どんどん湧き上がってくるアイデアを整理して、一つひとつのイベントや企画に落とし込んでいくといったあたりには、ベテランの力が絶対に必要です。

サンリオピューロランドの仕事は、運営するスタッフ、商品を企画したり、販売するスタッフ、レストランの運営やメニューの開発をする部署、館内、周辺を綺麗にしてくれるパークスクリーンのスタッフ、お客様から見えない部分にも重要な業務が多々あります。

安全面を支える施設管理、多くのお客様にご来場いただくための営業部、クオリティの高いショーやパレード、イベントを作る企画制作、全ての情報をスピーディかつ正確に管理する情報システム、全社員の待遇や教育、採用を担う総務人事、大切な資金、経費を管理する経理、ほかにもテーマパーク独特の部署もあります。海外にコンテンツを販売していく外部販売チームも重要な役割を担っています。そういった全ての部署の業務が同じ方向で動ける組織であることがとてもとても重要なのです。

同じ仕事にやりがいを感じられるか、感じられないか。それを隔てるのは、その仕事そのものというよりも、会社が向かう先を明確に示せているか、理念が浸透しているか、そして、所属している会社に対して、愛があるかどうかで決まると思っています。会社が好きなら、そして、自分の業務が何につながるのか、誰の笑顔につながるのか、を認識できていれば、どんな仕事にも誇りを持って取り組めると思うのです。

ですから、私は「サンリオピューロランドが好き」という気持ちをすべての社員が忘れないように、忘れそうになったら思い出してもらえるようにしています。誇りの持てる職場だと全員に思ってもらうこと、それが、ここでの私の仕事の大半です。

もし、新しい仕事に魅力を感じられないと思ったなら、会社に入ったときの気持ちを思い出して、会社の好きなところも思い出して、自分の仕事が何に役立っているのかを実感してみてください。

A

それまでの経験を活かして、次の仕事を楽しんでください。どの仕事も意味のある、自分を成長させてくれる大切な仕事だと思います。

第6章 これからのリーダーへ

Q 20

外様としていきなりリーダーになって、できることなどあるのでしょうか？

サンリオピューロランドにやってきた当初の私が、まさに外様のリーダーでした。もちろん、知識はありません。経験もありません。みんなが当たり前に使っている言葉もわからないような状態でした。

わからないから良かったのだと、思うこともたくさんあります。

当たり前のことがわからないということは、新しい目を持っているということだからです。

長くそこで働いている人にとっては、習慣で、当たり前で、常識で、いつものことについても、「なぜこうしているの？」「どうしてこうしないの？」といった疑問が浮かびます。そこで「こう変えろ」「こうするべきだ」という態度を取ってしまうと、無用な摩擦を生んでしまいますが「なぜ」「どうして」を解くために、聞いて、学ぶのは決して悪くないことです。

聞いて学んでみると、その当たり前には、私には見えていなかった合理的な理由があることもありましたし、その常識は、長年の経験によってたどり着いた最適解であったこともありました。

でもなかには、「そういうものだと思っていたから」「前任者がやっていたのでなんとなく」といった答えで、そうでなければならない理由が明確でないものもありました。

こうしたところに気がつけるのが、外様のメリットだと思います。

外様のリーダーというと、とにかく前任者のやり方を踏襲するか、前任者を全否定するかのごとくあらゆるものをひっくり返すというイメージもあるかもしれませんが、「あれ?」と思ったことのうち、合理性に欠けるものを変えていくという、ちょうど真ん中の立ち位置に立つのがいいのではないでしょうか。

「それはできない」の理由を探る

外から来た新鮮な目で何かを変えようとしたときに「それはできません」と言われることもあるかもしれません。

でも、その場合には「できません」の理由を探った方がいいでしょう。

「できません」＝「やりたくありません」なら、やりたいと思ってもらう必要がありますし、「できません」＝「人手や時間が足りません」なら、方法をともに考えて打開策を見つけ、「できません」を「できます」に変えるべきでしょう。

私自身もサンリオピューロランドへやってきて5年が経ちました。

外様であることに変わりはなくても、外様の最大の武器である「新しい目」が、すっかりサンリオピューロランドに慣れてしまっている可能性があります。5年前の私なら「なぜこうしているの？」「どうしてこうしないの？」と疑問に感じたようなことでも、事情がわかるから、できない理由も理解できるから、「こういうものだよね」「仕方ないよね」と流してしまっているかもしれなくて、それはとても怖いことだなと思います。

なので、時には「ここで諦めたらダメだ」と自分を奮い立たせるようにしています。事情や状況は把握すること、しかし、諦めずにより高みを目指し挑戦を続けること、初心を忘れず違和感を流さないこと、それが外から来たリーダーの役割ではないでしょうか。

A

外様だから「当たり前」が「なぜ？」に見えます。その強みを活かすことでできることがたくさんあります。

Q 21 カリスマ的リーダーの後任になってしまいました。自分には代わりが務まるとは思えません。

サンリオの創業者で、サンリオピューロランドの開設者でもある辻信太郎社長は、まさにスーパーカリスマリーダーです。

山梨県出身で、もともとは山梨県庁で仕事をしていたのですが、ある「強い想い」があって、退職し、サンリオを創設しました。

強い想い、それは戦争体験からくるもので、人と人が殺し合う狂気、そんなことは二度としてはいけないけれど、「戦争反対」と拳を振りかざすのではなく、なかよくなるために、ちょっとしたかわいいギフトがあればいいのではないか？　という発想で起こしたのがサンリオです。

「世界中がみんななかよく」という理念のもと、かわいいキャラクターが生まれ、かわいいお店が生まれ、映画やアニメーションが生まれました。そして１９９０年に、新たな事業としてテーマパークビジネスをスタートしたのです。

サンリオピューロランドをオープンしたのはバブルがはじける直前のことでしたが、総工費７５０億円、というダイナミックな決断からも、辻社長のスーパーカリスマリーダーの顔が見えると思います。

カリスマ経営者が築いてきたこのサンリオピューロランドをどのように維持し、発展させるかには、もちろんプレッシャーを感じます。事業を継続させ、微増であっても上向きな経営状態を作り続けるのは並大抵な努力でできるとは思えません。怖さに眠れないことも度々あります。辻社長の代わりを務める、とはとても思っておらず、私にできることを精一杯やらせていただく、それも私一人ではなく全員参加でやっていくという決意があるのみです。

リーダーにはタイプがある

リーダーというと、辻社長のようにスーパークリエイターでスーパー営業マンで人を惹きつける天性の魅力があるタイプや、「俺についてこい」「指示通りにやってくれ」という強面のコマンドタイプのイメージを持たれるかもしれません。

でも、こうしたタイプのリーダーは、ほんの一例に過ぎません。もしも、こうしたタイプこそがリーダーであるのなら、私はリーダーには向きません。

でも、ここでこの仕事をしてみて「私は案外リーダーに向いているな」と感じています。

私自身は、小学校の頃から学級委員や生徒会の役員などを経験してきました。そういう意味では、確かにその頃からリーダーシップはあった方だったのかもしれません。でも、周りを引っ張るタイプだったかというと、決してそんなことはありません。どちらかというと、周りの意見を聞いてバランスを取ったり、学校の垣根を越えて人と人を繋いだりするような、調整型のリーダーでした。

今もそうです。そして、そうしたスタイルが、今の時代には合っているのかなと感じています。

今の時代は、サーバントリーダーシップが発揮しやすい時代だと思います。

誰かが決めたことにみんなで取り組むよりも、一人ひとり、異なる人の意見をみんなで聞いてみんなで取り組む、つまり多様性を尊重する方向に来ていますし、上を見るより周りを見ながら前を見て、歩調を合わせて進もうとする人が増えているように思うからです。

こうした時代のリーダーに必要なことは、前を安心してみていられるようにすること、「ここにこんな人がいるから意見を聞いてみようよ」と声をかけることだと思っています。

私はカリスマリーダーにはなりようがありませんが、みんなの声を聞く、そして、みんながいつの間にか自分や組織にはめてしまった枠をはずして新しいことに挑戦する意欲を引き出すことは、とてもワクワクしますし、その分野を学んできたので、そこでならお役に立てるのではないかと思っています。

A

カリスマリーダーになろうとする必要はありません。今の時代らしい、新しいリーダーの像があります。

Q22
サンリオピューロランドの館長になったとき、どんなリーダーになろうとしたのですか？

みんなの「お母さん」になろうと思いました。

実際に「みんなのお母さんになりたいです」と言ったこともあります。きっとみんな、「この人、どうしたんだろう？」と思ったでしょうね。

かっこよく言えば、サーバントリーダーシップを発揮しようと思ったということなのですが、まずは見守りとお手伝いがここでの私の仕事だなと思ったのです。

というのも、それ以外のことをしようとしても、私はエンターテイメントの素人でしたし、テーマパークの運営について本当に、何もわからない状態だったからです。

私が自信を持って「これをやります」と言えることは、見守りとお手伝い以外にありませんでした。

もちろん、受け入れる側のことも考えました。

いきなりやってきた新しい館長は、それまでテーマパークビジネスに関わったことのない女性なのですから、どうしてこの人が上司になるのだろうと、疑問を持った人もいるでしょう。後になってから「現場には女性が多いので、女性が来てくれて喜んでいた人も多かったよ」と聞きましたが、その当時はそんなことを想像する心の余裕はありません。

どうしたら受け入れてもらえるか、疎まれずに済むかも私の関心事でした。

でも「お母さん」はびくびくしてばかりもいられません。

「お母さん」は変革を叫ばない

「お母さん」は、我が子の可能性を、疑うことなく信じています。我が子は絶対に「やればできる子」、もしも今、うまくいっていないとするならば、やれない理由があるはずです。

鎖につながれた象の話をご存じでしょうか。

小さな頃に鎖につながれて、そのせいで自由に歩き回れなかった象は、成長して体が大きくなり鎖を引きちぎるだけの力をつけても、自分のその力に気づかずに、鎖にとらわれて自由に歩き回ることを諦めてしまう、という話です。

でも、ちょっと外の世界を知っていて、ちょっとみんなより年上の「お母さん」は、「その鎖、引きちぎれると思うよ。ほかのところでは、みんな引きちぎっているよ。やってごらん」と言うことができます。

「引きちぎって大丈夫、やれる、もっとやってみようよ」と励ますこともできます。

ここで「なんで鎖にとらわれているんだ！」とやってしまったら、鬼です。でも、「お母さん」はそんな言い方はしません。

たとえば〝改革〟とか〝変革〟とか、そんな言葉は使わないようにしています。

こういうことは、ポンとやってきてやる側にとっては勇ましいことなのですが、やってこられた側にとっては、まるでそれまでを全否定されているように感じますよね。

そういった言葉を使う代わりに「お母さん」だったら、何と言うか、何と我が子に声をかけるか。〝お試し〟かな、〝期間限定〟かな。

こうしたことは今もずっと、気にかけていることです。

A

我が子の可能性を絶対的に信じる「お母さん」になることです。実際に、「我が子たち」は本当に素晴らしい子たちばかりでした。

Q23

リーダーを任されて、部署間の壁が高すぎることに気付き、お手上げ状態です。どうしたらいいでしょうか。

部署間の壁を低くすること、これは、リーダーの大事な仕事だと思います。

私も、サンリオピューロランドにやってきたばかりのころは「どうしてこんなに部署間の壁が高いのだろう」と思うこともありました。

でも、各部署の人たち、一人ひとりの話を聞いてみると、みんな私よりもずっとその部門のプロですし、一生懸命仕事をしているしで、誰が悪いというものではありません。ということは、悪いのは人ではなく、その人と人の間にあるもの、つまり壁です。

では、その壁をどうやって低くするのか。

実は、壁を低くするというのは大変なことですし、壁があるから、それぞれが専門性を保てているとも言えます。

では、その壁に扉をつけるというのはどうでしょうか。

その扉は、必要に応じて誰でも開けることができて、行き来ができます。

扉から入ってきた人が「こんな商品作ろうと思うんだけど」と話しかけ、それを聞いた人が「だったら、こんなイベントやろうかな」と考える。今度は別の人が扉を通って「こんなイベントを考えているんだけど」と話しに行くと、そこにいた人たちが「じゃあ、こんなメニューはどうだろう」とアイデアを出す。

行き来ができると、こんな自然なコラボレーションが生まれます。

リーダーの仕事は、こうした扉を作り、そこを行き来する習慣を作ることではないでしょうか。

みんなでやればみんなで喜べる

もちろん、部署間の壁というのは比喩で、実際に壁があるわけではありません。仮に、オフィスが部署ごとに仕切られていても、そこには必ず、行き来できる扉があるはずです。

ですから、新しくつける扉とは気持ちの扉であり、情報共有をしやすくするきっかけのことです。

情報の共有とは、誰かが持っている情報を仕入れることだけではありません。自分の中に眠らせている思いを外に出して、誰かに聞かせること、それが自然にできるようになることも含みます。

ですから私にとっては、ウォーミングアップ朝礼や対話フェスというコミュニケーションの場を作ることが一つの扉作りでしたし、別部署の人も別部署の企画にアイデアを出す空気をつくることもまた扉作りでした。

扉があって、開いてさえいれば、あとはプロたちが行き来して、情報交換をしてアイデアを磨きあい、素晴らしいものをつくってくれます。

魔法のようなアイデアを、リーダーがたった一人で生み出す必要など、ないのです。そして、みんなで考えてみんなで決めてみんなで頑張るのが当たり前になると、その企画で多くのお客様が喜んでくださったときの喜びを、みんなで分かち合うことができます。

前の章でモチベーションについて少し触れました。

サンリオピューロランドで働いている人は、この仕事が好きな人たちばかりです。わざわざ足を運んでいただいたからには、一人でも多くのお客様に、存分に楽しんでいただきたいと考えている人しか、ここにはいません。

そういう人たちにとって一番嬉しいのは、お客様が喜んで下さること、特に、自分も関わった何かで、喜んで下さることです。それが、明日からの仕事のモチベーションにつながります。

お客様から好評をいただいているものが自分も関わったと思えるものであれば、その喜び、モチベーションはより大きくなります。

言われてやったことを楽しんでいただけるのと、自分で考えてやったことが楽しんでいただけるのとでは、受ける喜びがまったく異なるのです。

私がここへ来た当初は、よく「全社視点」という言葉を使っていましたが、今は、ほとんど口にすることはありません。もう、みんなのなかにそれが根付いているからです。ですからリーダーとしては、壁に扉をつけること、そこを行き来するのを面倒に感じない空気をつくることが、大事な仕事の一つだと思います。

A

高い壁はそのままに、扉をつけてみてはどうでしょうか。そこを情報が行き来すれば、みんながそれを当たり前と感じるようになれば、きっといい成果が得られます。

Q 24

教育に悩んでいます。方法もさることながら、時間が足りません。どうしたらいいでしょうか。

正社員としてここで働こうと思って志願をしてくる方たちは、サンリオピューロランドのエンターテイメントが大好きな人ばかりだからです。この部分がぶれることがないので、みんな、入社後もお客様をいかに喜ばせるかを一生懸命考えてくれます。

実は一時期、そうしたエンターテイメントへの情熱よりも、一般的な能力の高さを優先させて採用をした方がいいのではと考えたこともあったのですが、やはり、サンリオピューロランドへの熱量を上回るものはないという結論に至りました。

サンリオピューロランドにもいろいろな仕事がありますから、配属先が希望の部署ではないこともあるでしょう。しかし、エンターテイメントへの熱い思いがあれば、どこの部署でもモチベーション高く仕事ができます。裏を返せば、熱量が低いと、なかなかうまくいかないこともある、ということです。

サンリオエンターテイメントの社員は、変わっている人が多いです（笑）。正確に言うと、周りから「変わっているね」と言われる人が多い、ということです。これはもしかすると、エンターテイメントへの情熱の高さを表現する別の言葉なのかもしれません。

取材などで、社員が「小巻さんって、どんな館長ですか？」と聞かれることもありますが、よく言われます。「小巻さんって変わっているんです」と。

熱量は伝染する

社員の熱量が高いと、それは、アルバイトスタッフにも伝染します。

アルバイトスタッフがサンリオピューロランドを職場に選ぶ理由はさまざまです。

ここでアルバイトをするためにわざわざ近所の大学に進学してきてくれたという人もいれば、かわいいコスチュームを着て働いてみたかったという人もいます。きっと、家の近くにある中から選んだという子もいるでしょう。

働く頻度も人それぞれなので、職場との関わり方も人それぞれです。

でも、アルバイトであっても、お客様から見れば社員と同じ「サンリオピューロランドのスタッフ」ですから、サンリオピューロランドの顔であり、代表です。

ただ、「顔ですよ」と言うだけでは、アルバイトスタッフたちは緊張してしまうでしょう。お客様に喜んでいただくための接客とはどのようなものか、その方法に迷ってしまう子もいるでしょう。ですから、年に何度かアルバイトスタッフだけを対象にした研修を設けています。

あとは熱量が解決します。

新しい商品がショップに入ってきたときなどは、大変です。もとから熱量が高かったスタッフは「かわいい」「ほしい」と大騒ぎ。もちろん、お客様も喜んで下さいます。

すると、それほど熱量が高くなかったスタッフも「やっぱりかわいいな」と思うようになります。ショーも同じで、さほどショーに興味がなかったスタッフも、ショーを頻繁に目にして、それを見て喜んでいるお客様と接していれば、少なくとも、嫌いにはなりません。

他の人が「かわいい」と感じたり、喜んでいる様子を目の当たりにして、自然とそこへ取り込まれていくのです。

その変化は、見ているとわかります。まだ慣れないアルバイトスタッフはどこか遠慮がちですが、徐々に、ヘアピンや時計など、数ある中から自分がいいなと思ったサンリオグッズを身につけて出勤するようになっていきます。すると、そのグッズやキャラクターに、愛着が湧いて、サンリオピューロランドにも日増しに馴染んでいきます。

こうした変化は研修だけで期待できるものではありません。

教育と情熱、その両輪が、新しい仲間の成長には必要で、情熱に関しては、リーダーが頑張って伝えるよりも、ほかの熱量の高い人から、自然と伝わっていくものです。

ですから、リーダーにできることがあるとすれば、その熱量の発露を妨げないことではないでしょうか。

A

教育だけでは人は育ちません。情熱は、持っている人からじんわり伝わるもの。熱い環境にいれば、熱い人になります。

Q 25

私もそれなりにメンバーを指導をしています。しかし、成長の気配すらありません。

もしかして、メンバーのことを「なんだこいつら」って、思っていませんか。自分より年が下で、キャリアもなく、自分ほどの成果を上げられないくせに、自分の言うことを聞かないなんて、「なんだこいつら」って。

その思いは、たとえ口に出していなくても、〝こいつら〟に伝わってしまっています。

でも、その〝こいつら〟の方が、優れている面もあるはずです。

私の秘書は20代後半で、人生経験は私の半分以下です。でも、天才です。

伝えにくいこと、難しいことも、相手に嫌な思いをさせることなくさらっと伝えるメールを書く、天才なのです。心の底から「私にはできない」と思うので、それを彼女にはよく話します。

彼女だけでなく誰もが、私にはできない才能、強さを持っています。そういう人たちが、数ある職場の中からサンリオピューロランドを選び、そこで働き続けてくれているのですから、私としては尊敬と感謝しかありません。

それに、「何回言ったらわかるんだ」というときがあるかもしれませんが、それは何回言っても伝わる伝え方ができていない、ということなのです。


相手にとって、会社にとっていいことであっても、伝わる伝え方を工夫する必要があります。まずは相手の言いたいことを聞いてあげることで、聞く余裕が生まれる場合もあります。相手が例え話が必要そうなら事例をいくつか話します。言葉より図表が伝わりやすいならそうすることでお互いのストレスがなくなります。

ぜひ、成長しない、などと思わずに、相手もそして自分も、このことを工夫することで得られる気づきを楽しみに、取り組んでください。

信じること、伝えること

教育心理学の分野で有名なピグマリオン効果は、信じることの大切さを私たちに教えてくれます。

教育者が、アトランダムに選んだ子どものリストを担任に渡し、1年たった時に調べると、その子どもたちの成績は上がっている、という実験です。子どもたちに対する接し方の中に「君は伸びる子どもだ」という何らかの期待が、言葉かけや指導に反映する結果だというのです。そして「君たちはダメな子です」と声をかけ続けると、想像しただけでも残念な結果が目に浮かびます。

ダメだと思って関わるのではなく、まだまだ、ここからだ、大丈夫、成長するぞと思って関わっていくほうがお互いの成長につながります。

もちろん、完璧な人間はいないので「この人との対応は困ったな」と思うこともあります。この人とはわかり合えないままなのかなと思うこともありました。

その時に私が大切にしてきたのは、避けるのではなく、さらにコミュニケーションを取ること、対話をすることでした。

話をしてみると、私には思いもよらなかったような愛や情熱を、会社に対して抱いてくれていたのに、それまで私がそれを知らなかっただけだった、ということもありました。もしも対話をしなければそうした思いに気づけなかったのかと思うと、本当に体が震えるほどゾッとしますが、話して良かったなと思いますし、そうやって一度話し合えば、信頼関係が生まれます。

よく、「最近の若い奴は何も考えてない」なんて言いますが、でも、本当はよく考えているし、問題があるとすれば、その若い子たちの考えを聞く耳を持たない側、話しやすい雰囲気をつくれない側にあります。

聞こうとして、話してもらい、分かり合う。そうした経験を積むときっと〝こいつら〟は〝ダメなところもあるけれど素晴らしいところもある我が子たち〟に変わります。

A

見下す気持ちは伝わってしまいます。一緒に頑張る仲間には、尊敬と感謝の気持ちを持ってコミュニケーションをはかれば、自分も相手も成長できます。

おわりに

小学生低学年の頃の私の夢は、プロ野球選手になることでした。

ザ・頑固オヤジな父と、その傍若無人振りに黙って耐える母、3歳年上の姉がいて、次女として生まれました。

父親は、男の子が欲しかったらしく、私にはかなりスパルタに、プールに行けば、まだ泳げもしない私をいきなり深いプールの真ん中に放り込む。キャッチボールをすれば、かなり遠慮のない球を投げてくる。今だったら問題になったかもしれませんが、そうこうして若干男の子のようにやんちゃに育った私は東京ヤクルトスワローズの本拠地・神宮球場の近くで育ったということもあり、本気でプロ野球選手に……と思っていました。男の子に混じって野球もやっていたのですが、小学校4年生になったときに「女はプロ野球選手になれないよ」と言われたのを今もよく覚えています。

そう言われてみると、プロ野球選手は男ばかり。当時はまだ女子プロ野球はなかったので、どうして女だという理由だけでプロ野球選手になれないのだろうと、子どもながらに憤りを感じました。

その憤りは、家の中で母が我慢しているのを目の当たりにしたときも、学校で男子は教室で堂々と着替えて、女子は狭いところに押し込められて着替えなくてはならない理不尽さを経験したときも感じたものでした。

小学校の卒業文集に私は『女性を守る仕事をしたい』と書いています。

守ると言っても、力では男性に及ばない。そこで、教育や法律などの分野でそれができればと夢見ていました。

大学受験を控えた時期になってもその思いは変わらず、教員になろうと考えていたのですが、両親に反対されました。その理由は「あなたは責任感が強すぎるので、教師になると辛い思いをする」というものでした。

両親の反対を押しきることもできたのでしょう。しかし、状況を一変させる、大きな出来事が起こります。

私が高校3年生のまさに受験の直前に、姉が白血病で亡くなってしまったのです。入院はしていましたが、風邪を拗らせているだけだと聞かされていましたから、突然の姉の死は衝撃でした。悲しいというより、訳がわからなかった。


両親にしてみれば、大切に育てた我が子を失った訳です。不仲だった父と母がこの時には、二人で支え合い毎晩泣いていました。むしろ母は激しく落ち込んでいた父を励ましていたように記憶しています。

18歳で突然一人っ子になってしまった私は、両親の言うことを聞きたいという気持ちが芽ばえ、教育学部ではなく法学部を受験すること、そして、家から通える範囲の大学に行くことに決め、一年の浪人の末に、本当に行きたかったところは諦めて私立の大学へ進学しました。

ただそういう経緯で入った大学なので、どうしても勉強に身が入りません。4年間は、勉学よりもアルバイトに費やしていた時間の方が長かったように思います。

仕事は接客業、場所はケーキ屋さんです。

この仕事はとても楽しかったです。お客様から「小巻さんがいるときに来るわ」と言っていただいたのはとても嬉しい思い出です。ほかにも学ぶことの多いアルバイトでした。この経験が、就職の際に大きく影響しています。

せっかく働くなら、自分が心から働きたいと思うところで働きたいと思い、まずはサンリオの会社説明会に出かけて行くことにしました。

当時のサンリオは、急成長中。ハローキティなどのキャラクター人気が小中学生の女の子たちの間で高まり、直営店が増加中で、映画制作にも精力的で、会社としても東証二部に上場したばかりでした。私自身も、『キタキツネ物語』や『シリウスの伝説』など、サンリオ映画が大好きでしたし、サンリオの月刊紙『いちご新聞』でサンリオの《ともに生きる仲間たちと信じあい、仲良く生きていくこと。それが私たち人間にとっての本当の幸せ》という企業理念を知って、ぜひこの会社で働きたいと思っていたのです。

ところが、会社説明会へ足を運んでみると、ものすごい人の数で、とても就職試験を勝ち抜く自信がありませんでした。

もう、40年近く前のことですが、今でも鮮明に覚えています。試験はできていたようで、社長面接の場で「あなた、優秀だね」と言われました。続けて「でもね、性格がね、真面目すぎるね。もうちょっと柔軟に考えたほうがいいね」。憧れの辻社長にそう言われて、私は「あ、落ちてしまったな」と直感しました。

しかしその後、私の所へ届いたのは内定通知で当初の希望通り、販売店の店頭に立つことになりました。

新入社員研修では、グループワークでいちご新聞を作りました。私たちのグループでは、『お母さんに喜んでもらえる会社』というコンセプトで、新しいサンリオの姿を描こうとしたのを覚えています。もっと大人の視点で、たとえば企業内保育施設をつくるとか、今で言うキャラ弁のレシピを提供するとか、小中学生の女の子だけでなく、大人の女性にもアプローチすることを考えていたのです。

もうひとつ、この頃のことで覚えているのは、入社に当たって、辻社長がサンリオという名に込めた「聖なる河」の意味を説明してくれたときのことです。

「一つの商品が出来上がるまでには、いろんな人の努力や苦労があります。それが聖なる河のほとりに流れ着いたとき、そこでお客様に手渡すのが、売り場の皆さんの役目ですから、最高の笑顔で渡してくださいね」

これを聞いて、私は素晴らしい仕事ができることを嬉しく思いましたし、実際に、河のほとりで手渡すという仕事は、とても楽しく、やりがいのあるものでした。

仕事への意欲はかなりありましたが、私は結婚のため、サンリオを退社しました。

仕事は楽しかったのですが、産休・育休という概念も十分に共有されていない時代だったので、当時としては、結婚して仕事を辞めるのは「普通」のことでした。

結婚し、3人の男の子に恵まれて、私は幸せな日々を送るようになりました。専業主婦としての生活には何の迷いもなく、その毎日が続いていくことを疑うことはありませんでした。

しかし、そうした暮らしは私が34歳のある日に途絶えます。

2歳だった次男が、事故で亡くなってしまったのです。

まったく思いがけない出来事で、私は、自分が何のために生きているのかがわからなくなり、生きていることに罪悪感すら感じて、感情を失い、人間らしさを失いました。

離婚し、2人の子どもを育てながら、経済的にも精神的にも自立しようともがくまでには、少しの時間が必要でした。

仕事を再開しようとしたものの、37歳、ほぼ職歴なし、資格なしの私にできる仕事は数えるほどもないのが現状でした。

縁あって得られたのは、化粧品販売の仕事でした。私は子どもとの生活のため、そして自分のためにその仕事に懸命に取り組みました。

ようやく仕事ができるという喜びもありましたが、それ以上に自分に突きつけられているのは、「お前はなんぼのものなのか」という問いでした。

昔のようにちやほやされることはもうない、自分のためだけの時間もない、仕事も中途半端、家事も育児も中途半端に思える。子どもを預かってくれる母親からも、子育てがなっていないと叱られる、そんな中で、「自分はなんぼのものでもない」と自信など微塵もなく、自己肯定感が下がり続けました。

それでも私は、目の前の、ようやく手に入れた仕事を110%はできなくても103%は頑張ろうと、化粧品の成分や肌の構造についても学びましたし、全国のお客様のもとへ出かけ、真摯に向き合ったつもりです。

お客様の中には、悩みを相談される方もいました。私も私なりに答えるのですが、それはあくまで私の答えであり、その答えが本当にそのお客様のためになっているのかがわかりません。どうしたら、女性が幸せに生きられるのだろう？　と考えさせられました。

そこで、女性が美しく輝くためには、化粧品以上に、精神的な自立と経済的な自立が必要だということを知ります。いつか、そういった面で女性を支える仕事ができたらいいなと思うものの、無理を押して仕事をしたせいで体調を崩し、健康もまた、幸せの基本であることを思い知らされました。

再びサンリオに縁を得たのは、この化粧品の仕事がきっかけでした。

サンリオは90年代後半から、海外展開を本格化させたり大人の女性向けのショップをオープンさせたりと、新しい挑戦を始めていました。大人向けというのは期せずして、入社直後の私のコンセプトと重なる動きですが、その流れの中で、大人用のスキンケアアイテムを開発する事業を検討しているとのことで、私に声をかけてくれました。

私としても、大好きだったサンリオで再び仕事ができるのはとても幸せなことでした。15年近くのブランクがありますから、大分変わったなと感じることもありましたが、それでもやはり、大好きな会社です。

ただ、化粧品ビジネスはなかなか難航しました。

化粧品は、原材料の善し悪しによって最終的な価格が大きく変わってしまいます。いいものを追究すればするほど、当然価格が上がってしまいます。

また、化粧品市場は、ブランドイメージが大きくものをいう市場でもあります。その市場に後発で乗り込んだ私たちは、努力はしましたが安定した居場所を確保することができず、早々に撤退することになりました。

この事業のおかげで、私はマーケティングなどを学ぶことができましたが、化粧品の仕事を通して女性の生き方や心の問題にさらに興味が深くなり、また、自分自身が子育てについて反省することが多々あり、コーチングやカウンセリングを学びたい気持ちが募りました。その後、3年間ほど、コーチングを学び、これから女性支援の活動に取り込もうと、方向性が見えた時に、乳がんが発覚しました。

姉、そして次男に起きたような「人生が突然終わる」ということは、私にも起こりうるのだと感じました。わかっていたはずのこと、知っていたはずのことに、改めて気付かされたのです。


そう気付いたことで、私はやりたいことは今、やろうと決め、実際に2008年に行動を起こしました。

まず、子育て支援のためのNPOを立ち上げ、ほぼ同時にサンリオの社内ベンチャーとして、女性支援の会社を立ち上げました。

小学生の頃にしたいと願っていた『女性を守る仕事』に、取り組み始めたのです。

いつまで続くかわからない私の生涯を、こうした活動に費やそうと決めました。

子宮系の病気を経験してからは、子宮頸がんの予防を呼びかける活動も始めています。

こうした活動をするようになって、私は、次男を失って間もない頃によく抱いていた「自分とは何か、生きるのは何か」という疑問を、別の形で再び抱くようになります。

「私は何者なのか」「自分についてどう理解すればよいのか」を考えることが増え、その手法を本格的に学ぼうと必死に勉強し、２０１１年、51歳で大学院へ進学しました。

私が進学したのは、東京大学の大学院でした。同級生は、東大の教育学部を卒業したばかりの若者たち。彼らの頭の良さに圧倒され、自分の知識のなさ、大学院でやっていけると思ったお気楽さにも呆れました。やっぱり私は、なんぼのものでもなかったと痛感させられました。

ただ、だからといって辞めるのは悔しい。ここまで、こんな思いをしてきて、ようやく勉強をしようと思ってその機会を得たのに諦めるなんてもったいない、いままでとは違う景色を見たい、という熱意のようなものも、自分の中から湧き上がってくるのがわかりました。

私は、自分自身に「なんぼのものか」と問い続けたことで、反対にその問いの答えとして「どうせ私なんか」を当てはめるのが、嫌なのだということが、十分にわかっていました。自己肯定感が低い、自分に自信が持てない、とずっと思っていたことが、実は、自分はこんなことで終わりたくない、まだまだやれる、という自己肯定感の高さからきているのではないか、と思うようになりました。

そのエネルギーを支えに、私は教育学や心理学を学び、ようやく修士論文も書き上げて、大学院を修了しました。

その後は、学校教育に携わるつもりでした。

教育者として次の挑戦をしてみようと思っていたのです。

サンリオピューロランドに、ふと、様子を見に行ってみるまでは。

私の人生は、思いがけないことの連続でもありましたし、逆境に立つ場面の連続でもありました。

思いがけないことが起こることは、私の力では阻止できません。起きてしまったことは起きてしまったこととして、受け止めるしかありません。

ただ、それをどう受け止めるのか、「よかったじゃないか」と言ってみるかどうかは私次第ですし、立つことになった逆境に居続けることを選ぶのか、そこから出ると決めてその方法を模索するかも、私次第です。

私は、子どもの頃は、跳ね返りでもあったけれども基本的には優等生で育ってきて、入りたい会社にすんなり入れて、したい仕事ができて、24歳で結婚して子どもに恵まれて、経済的に苦労することもなくて、あの瞬間まで、順風満帆な人生を送ってきました。

その瞬間から始まったさまざまな逆境と向き合わない人生を送ってきていたならば、自分の無力さを情けないと思うことも、何もかも中途半端でできることがないことに地団駄を踏むことも、言い返したい言葉をぐっと飲み込んで我慢することもなかったでしょう。

なんぼのものかと問い、それに答えられない自分を直視せざるを得ず、答えるだけの言葉を持ちたいと考えて、私なりに努力をしてきたように思います。

これからもまた、なんぼのものかという問いが私の前に立ちはだかることがあるでしょう。そのときにはまた、その問いを乗り越えようと七転八倒することになるでしょう。それでも、逆境に克つ先にある大きなギフトを楽しみに、自分と対話を重ねていくでしょう。

本書のカバーに写っているのは、サンリオピューロランドで上演中の「Miracle Gift Parade」です。

ハローキティが「誰だって、暗い気持ちになることがある。光を見たくないときも」と語るシーンがあります。人は、逆境に立っているとき、自分が闇の中にいるように感じるでしょう。そして、闇はどこまでも続くような気持ちにもなるでしょう。

けれど、闇の中にいることで研ぎ澄まされる感覚があり、それが人生に役立つ知恵になっていきます。そして、どんな闇にいたとしても、光を感じる瞬間は来るものです。

この書籍を通して、誰もが必ず経験する逆境を乗り越えられること、そして、そのヒントをお伝えできたとしたらとても嬉しいことです。このような機会を与えてくださった皆様に心より感謝いたします。

２０１９年７月　株式会社サンリオエンターテイメント　代表取締役

小巻亜矢

小巻亜矢

（こまき・あや）

株式会社サンリオエンターテイメント
代表取締役社長／
サンリオピューロランド館長

東京都出身、東京大学大学院教育学研究科修士課程修了。

1983年（株）サンリオ入社。結婚退社、出産などを経てサンリオ関連会社にて仕事復帰。2014年サンリオエンターテイメント顧問就任、2015年サンリオエンターテイメント取締役就任。2016年サンリオピューロランド館長就任、2019年6月より現職。

子宮頸がん予防啓発活動「ハロースマイル（Hellosmile）」委員長、NPO法人ハロードリーム実行委員会代表理事、一般社団法人SDGsプラットフォーム代表理事。

STAFF
装丁　森田直／積田野麦（FROG KING STUDIO）
執筆協力　片瀬京子
校正　東京出版サービスセンター
企画協力　株式会社サンリオエンターテイメント
編集　大井隆義（ワニブックス）

逆境に克つ！
サンリオピューロランドを復活させた25の思考

著者　株式会社サンリオエンターテイメント
代表取締役社長　小巻亜矢

2019年9月5日　初版発行

発行者　横内正昭
編集人　内田克弥

発行所　株式会社ワニブックス
〒150-8482
東京都渋谷区恵比寿4-4-9えびす大黒ビル
電話　03-5449-2711（代表）
03-5449-2734（編集部）
ワニブックスHP　http://www.wani.co.jp/
WANI BOOKOUT　http://www.wanibookout.com/

印刷所　株式会社 光邦
DTP　株式会社 三協美術
製本所　ナショナル製本

ISBN　978-4-8470-9828-4